I0829758

ANIMALES
SAGRADOS
DE LA INDIA

Enrique Gallud Jardiel

ANIMALES SAGRADOS DE LA INDIA

Copyright © 2019 Enrique Gallud Jardiel

Todos los derechos reservados.

ÍNDICE

«¡Himnos! Las cosas tienen un ser vital; las cosas
tienen raros aspectos; miradas misteriosas;
toda forma es un gesto, una cifra, un enigma;
en cada átomo existe un incógnito estigma;
cada hoja de cada árbol canta un propio cantar
y hay un alma en cada una de las gotas del mar.»
(RUBÉN DARÍO)

PREFACIO

Cuando consideramos que en la India ha perdurado el hinduismo —es una de las religiones más antiguas del mundo que ha llegado hasta nuestros días— pese a haberse tenido que enfrentar históricamente a varios intentos de islamización, y cuando pensamos en la diversidad racial, lingüística y cultural de la gente que lo profesa, nos encontramos con una incógnita.

Porque la India no ha estado siempre políticamente unida. Es un territorio inmenso, siempre poblado por diferentes etnias y gobernado de forma diversa. ¿Qué es lo que aúna a su población? Evidentemente el hinduismo, que no es sólo una religión propiamente dicha, sino una filosofía y una forma de vida. Son las constantes de la cultura hindú las que han mantenido a sus habitantes con esa consciencia de ser ellos.

Pero los elementos que integran ese *ethos* hindú que les conglomera no se hallan escritos en ningún lugar ni han sido enunciados por ningún legislador. El hinduismo, a diferencia de otras grandes religiones del mundo, no ha elaborado un credo sintético al que sus adeptos se puedan referir de forma concreta. Las normas que respetan los hindúes se conocen de manera general y se hallan dispersas en las innumerables obras de contenido filosófico. No existe un único libro de referencia. Sin embargo, estas creencias están extensamente compartidas y son las que dotan a la India de su homogeneidad.

Las nociones que comparten los hindúes sobre el universo y su funcionamiento son las siguientes:

Los *Veda* son escrituras sagradas, las más antiguas del mundo. Estos himnos son la palabra divina y la base del hinduismo.

Existe un Ser Supremo inmanente y trascendente, que es a la vez creador y creación y que es todo lo que existe.

El universo está sujeto a ciclos infinitos de creación, preservación y disolución.

Todo en el universo está sujeto al *karma*, a la ley de causa y efecto mediante la cual cada ser individual crea su propio destino a través de su pensamiento, sus palabras y sus acciones.

Las almas encarnan en diferentes nacimientos hasta que todos los seres han cumplido su *karma* y han conseguido el conocimiento espiritual y la liberación del ciclo de existencias.

Para la evolución espiritual son esenciales las directrices de un maestro, así como la disciplina personal, la buena conducta, la purificación, los ritos y la meditación.

Toda la vida en todas sus formas es sagrada y ha de ser respetada y reverenciada.

Esta última directriz es consecuencia de la metafísica del hinduismo y determina la postura ecológica de la que se tratará en este libro.

Enrique Gallud Jardiel

Febrero, 2019

CAPÍTULO I

LA DIVINIDAD DEL TODO

El hinduismo puede parecernos complicado, pero no lo es. Se basa en un reducido número de postulados básicos, claros, rotundos y, para muchos, obvios.

El término *hindu* es la forma irania de *Sindhu* que, en un principio designaba a las tribus instaladas a orillas del río del mismo nombre (Indo o Hinda). Las ideas religiosas de estas comunidades se difundieron por toda la península, perdiendo su significado primitivo. Desde los inicios de las invasiones mogoles en la península indogangética, este vocablo pasó a designar a los que profesan el hinduismo o brahmanismo, por lo que en su acepción actual no es correcto aplicarlo a aquellas personas de nacionalidad india que no profesan esta religión.

Hay que diferenciar bien el concepto de *vaidika dharma* o vedismo, del *hindu dharma* que sería el hinduismo postvédico, llamado también brahmanismo.

Los pueblos arios, de origen indoeuropeo, que comenzaron a invadir la India en sucesivas oleadas a partir del 2000 a.C. se encontraron con prácticas religiosas primitivas muy asentadas en toda la península. Eran de tipo animista y entre ellas destacaban el culto a la madre tierra y a la potencia fecundadora masculina, simbolizada por un *linga* o falo. Los arios, a su vez, trajeron conceptos religiosos que giraban en torno a un panteón de dioses naturalistas en un universo que se recreaba constantemente. Su ritual suponía el uso sacrificial del fuego, como elemento purificador, basándose en la creencia de que mediante el sacrificio, se podían controlar las leyes del universo y lograr bienes en este mundo. Toda su literatura sagrada —denominada védica por basarse en los *Veda*— detallaba cómo llevar a cabo adecuadamente estos sacrificios.

Poco a poco los arios fueron adaptando sus creencias a las de los pueblos aborígenes. Sus dioses, algunos de ellos de procedencia irania, se fusionaron con las divinidades locales y su literatura védica pasó a ser comentada y explicada en tratados filosóficos que cambiaron radicalmente el núcleo de su religión. Hacia el siglo VIII a.C la insatisfacción con los sacrificios védicos llevó a corrientes de pensamiento que renunciaban a las ilusiones del mundo y deseaban alcanzar una realidad interior y liberarse de sus ataduras. El centro de atención dejó de ser la práctica perfecta del sacrificio para pasar a ser la búsqueda de la verdad del Ser y la fusión del individuo con él. Los conceptos arios de cielo e infierno quedaron desplazados por la noción de reencarnaciones sucesivas para purgar las malas acciones cometidas y los dioses védicos de la naturaleza perdieron importancia ante los dioses propiamente hindúes, de carácter simbólico. Pese al pluralismo de deidades, el brahmanismo,

—llamado así por el control ejercido por la casta de los brahmanes sobre la literatura religiosa— tendió a centrarse en la identidad del Ser, hasta llegar filosóficamente a un claro monismo.

En el siglo VI a.C. este incipiente hinduismo sufrió una escisión importante con el surgimiento del budismo y el jainismo, sectas hindúes disidentes que, más tarde, adquirieron el rango de religiones separadas, aunque manteniendo muchos puntos de contacto con su origen. El budismo atacó los aspectos demasiado estratificados del brahmanismo. Fue una corriente de renovación que pronto adquirió auge, pero que tuvo su verdadera importancia fuera de la India.

Como reacción a estas doctrinas en parte disidentes el hinduismo se reforzó e hizo más hincapié en su mítica, para llegar así al pueblo, un tanto al margen de los avances en el plano filosófico. Durante siglos convivieron avanzados sistemas de pensamiento con prácticas rituales de toda índole. Fue en el siglo IX, con el maestro Shankara, cuando el hinduismo se revitalizó.

Los siglos XV y XVI vieron otro momento importante, con el desarrollo de los cultos *bhakti* o devocionales, una corriente de tipo místico que impulsó de nuevo las tradiciones hindúes y que surgió para contrarrestar el influjo islámico de los nuevos invasores de la India.

Algo semejante tuvo lugar durante el siglo XIX, cuando se produjo el denominado Renacimiento hindú, en una sociedad colonial británica en la que el cristianismo y los conceptos occidentales de religión eran la pauta a seguir. Toda una serie de reformadores religiosos y sociedades puristas desarrollaron su actividad para volver a llevar al hinduismo a sus orígenes y al mismo tiempo eliminar las lacras sociales derivadas de él, convertidas con los siglos en práctica habitual.

Pero durante todas las épocas de mayor o menor esplendor del hinduismo debe destacarse su capacidad de sincretismo con otras religiones y de tolerancia para con ellas. Jesús o Mahoma son respetados y reverenciados en la India como figuras santas y el mismo Buddha es considerado por los hindúes como una encarnación del dios Vishnu. La India es el país que mejor acogida ha proporcionado a los mazdeístas y a los hebreos que hubieron de dejar sus países por motivos religiosos. Incluso durante la dominación islámica surgieron en la India toda suerte de movimientos religiosos sincretistas en donde se mezclaban ambas religiones. Bajo el concepto hindú de que todo lo existente en el universo es divino, no cabe el desprecio hacia cualquier otro camino que lleve a entender a esa divinidad, que es el Todo.

El hinduismo parte de la base de que todo lo que existe es una misma cosa. A ésta la denomina *Brahman*, el principio cósmico absoluto trascendente, neutro e impersonal, primera causa del universo. Es omnipotente, omnipresente, omnisciente, autocausado, autodependiente y autocontrolado. Es el espíritu único, la vida que vive en todos los seres. Cuando es percibido introspectivamente como esencia de nuestra existencia individual se llama *atman*, lo que equivale al alma individual, la mónada espiritual. Esta alma individual es uno con el *Brahman* o Absoluto y sólo nuestra errónea percepción nos hace considerarla aparte. Este es el principio básico del monismo hindú.

Al emplear conceptos dualistas para facilitar el entendimiento, pasa a hablarse de dos principios complementarios. En primer lugar está el *purusha*, que es la esencia masculina, el principio del ser u hombre primordial, de cuyo cuerpo salieron todos los seres creados. Es un principio pasivo y equivale al pensamiento abstracto del Absoluto. Se complementa con *prakriti*, la materia inicial, descrita como una potencia del Ser, no como una entidad independiente. Es inconsciente, productora, siempre activa e incesantemente sujeta a movimientos, cambios, modificaciones y transformaciones. Es una sustancia compuesta, constituida por tres cualidades: la bondad, la pasión y las tinieblas. En la materia primordial estas tres cualidades están perfectamente equilibradas entre sí. Posteriormente se manifiesta en distintas proporciones todas las criaturas, lo que determina el carácter de cada una.

Según esta cosmología, el Ser Absoluto se manifiesta en una Creación de duración limitada y que se reabsorbe de nuevo en él de manera cíclica. De hecho, todo en el universo está sujeto a estos ciclos de tiempo. Es la teoría de las *yuga* o era, según la cual existen cuatro eras (*Krita, Treta, Dvapara* y *Kali*) que, al repetirse mil veces, equivalen a un día del dios Brahma (4.320.000.000 años de cómputo humano). Este día de Brahma se inicia con la creación, en la que un universo surge del Absoluto y se generan todas las cosas, y termina con la fusión en ese mismo Absoluto, disolviéndose todo tras el proceso de evolución. Viene a continuación la noche de Brahma, de igual duración, tras la cual todo vuelve a repetirse.

Durante la manifestación del Absoluto en forma de Creación, lo que hace que se consideren al *purusha* y a la *prakriti* como entidades separadas cuando en realidad son una misma substancia es *maya*, la ilusión. *Maya* significa medición, creación o despliegue de formas, cualquier ilusión o engaño de la vista. Constituye el término aplicado a la ilusión de multiplicidad del universo empírico. Los mundos, los diferentes planos de lugar y tiempo en que éstos existen y las criaturas que en los pueblan son manifestaciones de la misma realidad y aparecen diferenciados por el juego de *maya*, que sería el aspecto dinámico del Absoluto. Esta percepción de diversidad la produce la ignorancia, pues la realidad es sólo una (el Brahman-atman) y esta ilusión oculta la realidad divina. Esta energía divina negativa ilusiona a la entidad viviente, haciendo que olvide al Absoluto.

Mientras los seres no perciben este engaño y se liberen de la noción de la multiplicidad del Ser, permanecen insertos en el ciclo de existencias, en la rueda de las reencarnaciones causada por la acumulación de acciones que han de tener una reacción. Es el ciclo de nacimientos y muertes que tiene lugar incesantemente mientras que se cumple la ley de causa y efecto del universo. A esta ley —uno de los principios esenciales del hinduismo— es a lo que se denomina *karma*.

El *karma* es la acción material que ha de atraer una reacción subsecuente, la causalidad, consecuencia de toda acción tanto en el plano físico como en el moral y el intelectual, que actúa sobre el destino de una forma lógica y racional, estrictamente acomodado al mérito o demérito de cada uno. Metafísicamente significa los efectos de la acción, aunque puede ser también las actividades fruitivas concretas. Los deseos, aspiraciones, pensamientos y actos del individuo son los que según la ley kármica le vuelven a traer repetidas veces a la vida terrestre determinando la naturaleza de su renacimiento.

Las acciones de los seres son de cuatro clases: puras (que crean un buen resultado o reacción), impuras (de efectos negativos), mezcla de puras e impuras (con efectos eclécticos) y ni puras ni impuras (sin ningún tipo de efectos). Así pues, los seres pueden con acciones meritorias avanzar espiritualmente de vida en vida y eliminar los malos resultados de sus acciones negativas.

Para lograrlo son necesarias innumerables vidas y el concepto de reencarnación o *punarjanma* se convierte, por tanto, en uno de los puntales de esta religión. El transmigracionismo es una obligatoriedad autosoteriológica o de propia redención, en virtud de la cual las almas individuales reencarnan para continuar su evolución hasta llegar a fundirse en el Absoluto. La causa de estas encarnaciones repetidas del espíritu es el apego al mundo. Los anhelos, los sentimientos, las posesiones son una ilusión que produce la sed de vida, que actúa como una fuerza individualizante que impele al hombre a hundirse en la naturaleza ilusoria del mundo fenoménico, haciendo obligatoria la reencarnación. Mediante su encarnación en estas vidas sucesivas, el alma individualizada tiene innumerables oportunidades de perfeccionarse, redimirse, librarse de las consecuencias de sus acciones y salir fuera de la rueda de los nacimientos. Cuando se han eliminado todos los efectos negativos del *karma*, el alma individual obtiene la liberación (*moksha*) y se funde con el Absoluto, es decir, reconoce su total identidad con El.

A esta liberación del ciclo de las reencarnaciones y a la fusión con el Absoluto se llega mediante el desapego de todo vínculo terreno y la ejecución de actos meritorios, acordes con los deberes específicos de cada casta. Este concepto es el que lleva a la noción de *dharma*, término que se emplea generalizadamente para «religión» pero que, en realidad significa «deber».

El *dharma* es la ley que subyace al universo. El concepto engloba todos los deberes tanto morales como religiosos que tiene el hombre. El *dharma* es el problema de la acción en la vida, de lo que el hombre debe hacer, pero no solamente en sus relaciones con los demás, en el orden ético y moral de su comportamiento, sino también en todas aquellas acciones que el hombre debe llevar a cabo para alcanzar la liberación.

Para hacer posible el cumplimiento del *dharma* el hinduismo da una serie de normas y pautas. En primer lugar, el deber no es el mismo para todos los hombres, y es aquí donde aparece el sistema de castas, con sus deberes y obligaciones particulares, que ha venido rigiendo la sociedad india desde antiguo y que hace referencia a la división social del trabajo. Sobre este punto trataré más adelante.

También se divide la vida del hombre en fases religiosas, para facilitar su evolución espiritual. El primero de estos estadios (*brahmachari*) está consagrado al estudio y a la ascesis. El segundo, el de cabeza de familia (*grihastha*), enseña a enfrentarse con las dificultades de la vida diaria. En el tercer período (*vanaprastha*) el retiro ayuda a desprenderse de los lazos del mundo. El cuarto período (*sanyasi*) es el de la renuncia más completa.

Los caminos por los que se puede conseguir la evolución son diversos. Sus prácticas reciben el nombre de *yoga*. En primer lugar tenemos el aprendizaje de textos y estudio de teorías filosóficas, el *jñana yoga* o *yoga* del conocimiento. Se refiere al conocimiento de Dios y de las verdades más altas de la religión: la naturaleza del ser individual y cómo puede reunirse con el Absoluto. Se logra mediante el razonamiento y el discernimiento. Ha de destacarse el hecho de que en la ética hinduista el bien se parangona con el conocimiento o la sabiduría, vidya. Consecuentemente, el mal es la *avidya*, la «nesciencia» o ignorancia cósmica, responsable de la no percepción de la realidad y que nos hace desconocer que el mundo es pura ilusión. Para el aprendizaje, la tradición recomienda la ayuda del *guru*, término que define a los maestros en materias religiosas, espirituales e intelectuales, con capacidad para orientar al discípulo en el camino de búsqueda de *moksha*.

Otro camino reconocido es el de la devoción o *bhakti yoga*, la evolución espiritual a través de la devoción amorosa hacia la divinidad. Aquí la religión no aparece como conocimiento de Dios o simple culto rendido de una manera reglamentaria, sino como una participación en lo divino: el fiel llega a Dios por amor. El dios elegido es un amigo al que el devoto se somete. Se recomienda este camino como más sencillo para aquellos que no se sienten capaces de aprehender al Absoluto mediante la meditación pura. El principio es que el que se abandona en brazos de la divinidad será salvado por su gracia.

Una tercera vía es el *karma yoga*, basado en la acción desinteresada, que hace que el adepto no se beneficie de las consecuencias de sus actos. En este camino espiritual el aspirante busca alcanzar a Dios mediante el trabajo sin apego a los frutos de la acción.

El *dhyana yoga* es la práctica de la concentración. Es la meditación espiritual, la concentración de todos los pensamientos en un objeto. Establece las diferencias más notables entre los componentes mentales y espirituales del ser humano y es el grado que permite dar el paso hacia la liberación.

El *abhyasa yoga* es la técnica de evolución espiritual que se consigue mediante la práctica religiosa sistemática y continuada y mediante la *puja*, la adoración ritual de las imágenes, por medio de la cual el devoto busca la comunión con lo divino. Puede hacerse en público o en privado y los elementos que la constituyen varían según el dios al que se reverencia. Cuando se trata de una solemnidad oficial es el sacerdote quien la dirige. La gente aporta sus ofrendas y los ritos y plegarias son llevados a cabo por los brahmanes. Esta adoración puede hacerse de diversas maneras más o menos complicadas cuya explicación se encuentra en los textos. Esta forma de perfeccionamiento está ligada al concepto del sacrificio, puesto que el *rita*, —la regularidad del cosmos, el orden cósmico y la ley inalterable del universo— está en correlación en el dominio humano con el orden del sacrificio y el proceso ritual reproduce el del universo. Si el sacerdote, en nombre del género humano, lleva a cabo correctamente el sacrificio, puede controlar las fuerzas del cosmos.

El *mantra yoga* es un sistema de perfeccionamiento espiritual que consiste en meditar sobre algunos sonidos mágicos. Esta vía se basa en la repetición de fórmulas sagradas con el nombre esencial de la divinidad. Sirve para librar a la mente de la concentración en el mundo material. Relacionado con él está el concepto de *mandala*, cosmogramas o representaciones en diagramas geométricos del universo, empleadas para la meditación. Contienen el espacio sagrado que es simbólicamente un microcosmos del universo. Se emplean como ayuda para la concentración y la meditación. Si se consigue la suficiente concentración en ellos, interiorizándolos, se pueden controlar las fuerzas sutiles de la naturaleza.

El *hatha yoga* es una escuela que da primacía a las actividades físicas y al control de la respiración, con el fin de obtener determinados poderes sobrenaturales o *siddhi*. Es la técnica preparatoria para poder iniciarse en todas las demás formas de *yoga*, siendo el camino más físico de todas las variedades. No hace distinción especial sobre el cuerpo y la mente, sino que considera a ambos como manifestaciones de la misma fuerza vital. Da paso al *raja yoga*, que se ocupa del esfuerzo de purificación y vacío mental preparatorios de la liberación. Es un nivel superior en el que se implica directamente la mente y permite completar el ascenso a través de las ocho fases tendentes a conseguir la fusión del *atman* con el *Brahman*.

Todas estas prácticas incluyen tres nociones también fundamentales. La primera es *vairagya*, el desapego de la materia y de las actividades mundanas, la renunciación y dedicación de la mente a lo espiritual. Implica una indiferencia total a las cosas agradables del mundo. A los renunciantes se les denomina *sadhu*, que significa «bueno». Es un término usado generalmente como referencia a un asceta que cree plenamente la ilusoriedad del mundo fenoménico, lo que le hace renunciar a él y llevar una vida de penitencia para expiar las acciones del pasado y librarse de la necesidad de sucesivas reencarnaciones.

La segunda noción es la de *tapas*, el fervor, calor de penitencia o mortificación. Es la acumulación de energía concentrada, obtenida mediante prácticas ascéticas y que puede conducir a la liberación. Es el objetivo de los ascetas silenciosos dedicados a la soledad y a la contemplación como técnicas para conseguir la liberación.

La tercera noción común a todos los caminos de *yoga* es la de *ahimsa* o no violencia y que consiste en el principio de respeto por toda criatura viviente, siendo la base del tradicional pacifismo indio.

Estos son los postulados esenciales del hinduismo. Ahora bien, ¿cómo transforman a los que creen en ellos?

El principal de entre todos ellos es el de la unicidad del ser. En la *Bhagavad Gita*, libro canónico del hinduismo se lee: «Lo que existe no puede dejar de existir y lo que no existe no puede llegar a existir.» Es difícil decirlo con menos palabras o más precisas. Todo lo que hay es uno y lo mismo. El razonamiento que lleva a esta verdad es sencillo y los hindúes lo conocen perfectamente. No puede surgir algo de la nada. Por lo tanto, lo que es, fue siempre. Si no tuvo principio, no puede tener fin. Por ello, lo que es, es eterno. Si algo lo limitara, si hubiera un segundo algo, tendría fin. Por ello sabemos que no hay nada más. Lo que es, es eterno, infinito y uno. Casi con estas mismas palabras el presocrático Metrodoro de Kio afirmó esta misma verdad.

Tenemos entonces la primera diferencia. Oriente es unicista. Occidente (y sus creencias) son dualistas. Pero el dualismo es un error. Es una manera de entenderse y funciona en términos cercanos. La mente limitada del hombre está cómoda en las divisiones dualistas: Dios, como algo separado de la creación; el espíritu, como algo separado de la materia; el bien, como algo separado del mal. Pero el hindú sabe que, en último extremo esto no es así y obra en consecuencia. Es total y puramente panteísta y cree que todo lo que es, es Dios, o la fuerza, o la energía, x, o como se le quiera llamar. Y esto determina su relación consigo mismo y la naturaleza.

Paras empezar, se siente parte de la naturaleza divina y sabe que todas las demás cosas lo son. Lo son también los animales, las plantas, las rocas, todo lo que es, es Dios. Recordemos lo que dijo Séneca en su obra *Quaestiones naturalis*: «Quid est deus? Quod vides totum et quod non vides totum.» (¿Dónde está Dios? En todo lo que ves y en todo lo que no ves.) Esta visión lleva al hindú al pacifismo, o sea a respetar la vida en los demás, a considerar a los animales como parte de ese ser divino, a tener una actitud de reverencia hacia el mundo vegetal y mineral (una actitud puramente ecologista, diríamos) y, sobre todo a sentirse contento en el universo que no es en absoluto un valle de lágrimas donde hemos venido a sufrir por el capricho cruel de un dios supuestamente bueno, sino que es una parte de él.

Convendría aclarar aquí que este unicismo panteísta no ha de considerarse un producto impreciso de una mística vaga. Todo lo contrario. El misticismo no es sino una parte infinitesimal de lo oriental. Estamos hablando de un pensamiento puramente científico y racional, de una explicación del universo que podrá no ser verdad, podrá no ser la acertada, pero que es a lo máximo a lo que podemos llegar con el instrumento que poseemos para conocer las cosas: nuestra mente y nuestra razón. Y en cuanto a la base científica del pensamiento hindú, se está reconocimiento cada vez más, a medida que avanza la física y se estudian conceptos como los átomos, de los que existía noción en la India hace milenios. Recuérdese también que es la filosofía india la que proporciona el concepto de cero, el concepto de vacío, tan necesario para el progreso matemático. Pero daré un ejemplo mucho más contundente de esto. La palabra que se emplea para denominar a ese ser que lo es todo, del que todos formamos parte y que todo lo abarca es *Brahman*, como ya he dicho. El *Brahman* lo es todo y todo es *Brahman*. No hay nada que esté fuera de él. Y, para entendernos, hemos traducido ese concepto con diferentes nombres. Le hemos llamado Dios, le hemos llamado el Ser Supremo, le hemos llamado el Espíritu Universal, le hemos llamado el Absoluto. Todos son nombres útiles, funcionales, que sirven para denominar a eso que lo es todo. Pero si analizamos precisamente la etimología sánscrita del término nos encontramos con una sorpresa. En lugar de un concepto abstracto hallamos una raíz precisa: *'brih'*, que significa «expanderse», «crecer». Dios, el Ser no es sino «lo que se expande» o sea, el universo tal y como lo conocemos, tal y como la ciencia más precisa nos dice que es. Esto es prueba de la base altamente científica de la doctrina de la que tratamos.

El dualismo occidental conduce a la lucha y al enfrentamiento. Los ángeles combaten a los demonios y el que está de parte de Dios, lucha contra el diablo. El islamismo combate al cristianismo y éste le devuelve su odio. Los católicos combaten a los protestantes y éstos se subdividen a su vez en sectas opuestas. Esto no es maldad, sino algo inherente a la división dualista de las cosas. El unicismo, por otra parte, lleva a la unidad y a la concordia, porque todo lo que es diferente es sólo aparentemente diferente o sólo temporalmente diferente. Por eso, el hindú, ante lo distinto ejerce una postura de comprensión que le hace aceptar un camino diferente pero que, en algún momento, convergirá con el suyo. Esto lleva a una aceptación de las otras religiones. Todos los caminos son buenos y cada camino es adecuado para la gente que lo sigue. Todas las religiones son verdaderas y están en función del temperamento de sus creyentes. Unas pueden ser más avanzadas que otras, porque los seres humanos no están todos en el mismo grado de evolución espiritual, pero todas son válidas y todas tienen cabida en el marco del hinduismo.

Pasemos al siguiente punto filosófico, el del evolucionismo espiritual. ¿Cuál es la función del hombre, de ese ser individual que es Dios, que es parte de Dios y que, sin embargo tiene una noción separada de sí, un grado mental y evolutivo, unos problemas y unas circunstancias? La finalidad del ser individual es llegar a comprender plenamente y de verdad esto que puede saber intelectualmente: que él es dios, que es parte de todo, que todo es uno y lo mismo y que las diferencias son sólo aparentes, son *maya*, son ilusión engañosa. En resumen: la finalidad, el deber del hombre no es ético, sino epistemológico. No estamos en este mundo para ser buenos, sino para aprender.

Éste es uno de los principios en que más se diferencian los hindúes de los occidentales. Tienen, obviamente, una visión más egocentrista del mundo. La manera de contribuir al desarrollo del universo no consiste en ayudar a los demás, sino en ayudarse uno mismo, evolucionar uno mismo precisamente para no ser una rémora en el desarrollo conjunto del universo. Los actos que se hagan por los demás tienen un valor ético indudable en la medida que perfeccionan al que los ejecuta, pero no son una finalidad *per se*.

La evolución espiritual es totalmente personal. Cada persona, al crear su propio karma, sufre o goza de las consecuencias de sus acciones. No se puede, por tanto, interferir en el destino de las otras personas. Cada uno ha de aprender sus propias verdades de forma totalmente individual. Esto hace al hindú indiferente hacia los sufrimientos del prójimo y, obviamente, le aleja del cristianismo. Si un hindú ve a alguien sufrir, considera que ese alguien se ha ganado su sufrimiento con sus malas acciones anteriores. Si da de comer al hambriento, hace efectivamente una acción meritoria para sí mismo. Su caridad y compasión son elementos buenos que le producirán un buen resultado a él. En cuando a la persona que pasa hambre, la pasará indefectiblemente. Si no ese día, en otra ocasión. Podemos aplazar el sufrimiento ajeno, pero no evitarlo.

Esta aceptación puede conducir a lo que en Occidente consideraríamos falta de compasión o de caridad y también excesivo conformismo ante la vida. Tiene, sin embargo, sus puntos positivos. El hindú no es proclive a la envidia. Si una persona tiene más salud, más riqueza o mejor posición social que él, es porque se lo ha ganado con sus buenas acciones en vidas anteriores. Entre los hindúes, aunque se pueda decir otra cosa, casi no existe el odio de clases. Los pobres no culpan a los ricos por su pobreza. Igualmente, los enfermos no culpan a un dios caprichoso que los ha elegido a ellos para destinarles al sufrimiento. ¿Cómo justificar en el contexto occidental el nacimiento de un niño con una enfermedad mortal? ¿Por qué un ser que aún no ha pecado —si nos atenemos al modelo cristiano— debe sufrir? ¿Su enfermedad es fruto del azar o del capricho de un dios teóricamente bueno y amante? En el marco del hinduismo esta incongruencia no se plantea. La existencia del niño no ha comenzado ahí. Es un espíritu reencarnado que ha cometido actos en sus existencias anteriores, por los que ahora paga. Al existir una causa contingente, no cabe la desesperación.

La noción de reencarnación, como vemos, modifica de una manera radical la concepción de la vida. Y también de la muerte. El símil más empleado es el de la persona que cambia de ropajes. De esa manera, el alma eterna cambia de cuerpo cada cierto tiempo. La muerte no es sino un cambio de forma. O, para decirlo de una manera más occidental, nada muere en realidad en el universo, puesto que la energía que somos (más o menos concentrada) ni se crea ni se destruye, sólo se transforma. Por ello el hindú no teme a la muerte en sí. Ésta puede provocar pena, por el abandono de lo querido, o cierta aprensión por el trance físico que supone, pero no obsesiona al hombre, como lo ha venido haciendo desde antiguo en el mundo occidental. Así, se considera que la muerte es un paso en la evolución y no se siente tanto la pérdida de los seres queridos, que, al morir, dejan este mundo, pero viven indudablemente en otro. Nadie sufre condenación eterna, no hay fuegos ni estados de conciencia con remordimientos, sino otra vida con nuevas oportunidades. Aunque nuestras malas acciones nos provoquen sufrimientos, siempre se puede mejorar y avanzar. Nunca hay nada perdido y, sobre todo, no se depende del capricho de ningún ser superior. Todos tenemos en nosotros la capacidad de redimirnos.

Aparte de la muerte, cambia, obviamente, el concepto del tiempo. Cuando se cree disponer de miles de vidas futuras para evolucionar, se vive más pausadamente, se puede emplear el tiempo en muchas más cosas. Si hay algo eterno o que lo parezca, es el tiempo. Pero éste no es lineal, como en Occidente. De igual manera que en el sueño se condensa el tiempo exterior, puede suceder en la realidad. La misma reacción causa-efecto del karma puede no ser lineal. Si el tiempo es relativo, si no existe en realidad pasado, presente y futuro, quizá las vidas que vivimos no son lineales, sino paralelas. Quizá pagamos ahora por un pecado que no cometeremos hasta más tarde. En cualquier caso, no podemos saber cómo funciona esta ley y, por tanto, todo es posible y cualquier elucubración debe ser considerada con respeto.

Además, en el transcurso de las diferentes vidas, los seres evolucionan. El hombre no es, evidentemente, el centro del universo, sino una de sus formas. E igualmente que hay seres inferiores a él, los habrá superiores. Superhombres, ángeles, semidioses, dioses, son conceptos que pasan a ser no sólo posibles, sino más que probables. No hay, por tanto que rechazar nada: los dioses pasados y presentes pueden ser ficción o realidad. Pero, no nos engañemos, son sólo seres superiores a nosotros, sujetos por las mismas leyes contingentes del universo. No se les ha de confundir con ese Dios que lo es todo. El politeísmo no está reñido con el panteísmo, al contrario. ¿Puede haber, por tanto dioses —da igual que nos refiramos a Vishnu, Alah, Yaveh, Júpiter u Osiris— que dominen en parte los destinos de los humanos y les ayuden si quieren y escuchen sus oraciones? ¿Por qué no? Es perfectamente posible y de ahí el respeto de los hindúes por los dioses de los demás. El error es confundir a estos seres superiores con el Ser que lo es todo, pero, mientras no se pierda de vista esa perspectiva, nada hay de malo en creer en ellos y adorarles como nos plazca. Y si algún dios ha dejado de ser adorado, como el caso de los dioses griegos, por ejemplo, es porque ese dios habrá hecho algo mal y, en castigo, ha perdido a sus devotos.

Éstas son, en definitiva, algunas de las constantes de más importancia que hacen al hombre oriental tan diferente al occidental. Sus teorías pueden parecernos extremas, pero, como he intentado hacer ver, explican algunas de las cuestiones eternas que en Occidente no hemos conseguido resolver. Su coherencia y cohesión han servido de lazo de unión entre gentes de muy diferente etnia, lengua y substrato social como conviven en la península indogangética. No se puede asegurar que la espiritualidad oriental tenga las respuestas correctas, pero así se lo ha parecido a muchas gentes a lo largo de muchos siglos. Como se preguntaba William Somerset Maugham:

¿Cuál es el extraño instinto que obliga al hombre a ir a Oriente en busca de la paz? ¿Es sólo una rara intuición? ¿Es el inconsciente colectivo de que por Oriente sale el sol? ¿Conoce Vd. a alguien que haya ido a Nueva York en busca de la paz?

CAPÍTULO II

LA ECOLOGÍA QUE EMANA DEL HINDUISMO

POSICIÓN DE LOS ANIMALES EN LA INDIA

Las antiguas religiones de la India —el hinduismo, el budismo y el jainismo— nunca han establecido diferencias entre las almas de los seres humanos y de los animales. Todas las formas de vida se hallan sujetas al ciclo de nacimiento, muerte y renacimiento, conocido como *samsara*. La liberación del alma depende del *karma* (las acciones de cada ser) y el alma individual pasa por varios nacimientos hasta que se da cuenta de la verdad de que sólo existe una realidad trascendente. Así, una persona, un animal o un insecto son igualmente parte del ciclo de la vida, de la muerte y del renacimiento. Finalmente, cuando las buenas acciones conducen al conocimiento y a la auto-realización, el alma se libera del ciclo del *samsara*. A esto se le denomina *moksha* o *nirvana*: la liberación final del alma individual, que se funde con el Absoluto o *Brahman*. Si todo ha sido creado por el Absoluto y proviene del Absoluto, habrá de volver al Absoluto.

Por ende, los animales son sagrados porque la gente se identifica con ellos, una identidad que nace de la creencia en el *karma* y en la trasmigración de las almas.

Las civilizaciones antiguas reverenciaban a la naturaleza en todos sus aspectos. En las tradiciones de la India, el equilibrio apropiado de los *pancha bhuta* o cinco elementos —*prithvi* (la tierra), *vayu* (el viento), *akasha* (el cielo o espacio), *apa* (el agua) y *agni* (el fuego o energía)— es esencial para la armonía y equilibrio de la vida en la tierra. Todas las formas de vida contribuyen por igual al equilibrio de estos cinco elementos.

El culto a los animales probablemente comenzó muy pronto en la historia humana, cuando los seres humanos luchaban por sobrevivir en un ambiente hostil. El hombre y los animales han coexistido desde el comienzo de la creación, a veces en armonía y en otras ocasiones en hostilidad, ya que competían por recursos limitados. Se temía a los carnívoros por su fuerza, velocidad y destreza física, y se les tuvo que vencer y superar. El cerebro humano creó herramientas para lograr la superioridad sobre los animales y esto condujo al desarrollo de las culturas y las civilizaciones. El respeto por un poderoso adversario lo convirtió en un dios, adorado y temido a la vez

Éste fue un momento en que las gentes todavía eran recolectoras de alimentos. Muchas tribus indias creen que el consumo de una porción de la carne o el uso de una parte del cuerpo del animal (como el de garras o dientes del tigre) transferirá a la persona. las cualidades de ese animal. Los animales se veneraban por las cualidades específicas que el devoto esperaba alcanzar. Un chamán tribal podía entrar en trance y penetrar en el alma de un animal, adquiriendo momentáneamente un estado en el que puede ver cosas que le están negadas a un ser humano, otorgándole así al animal el don de la omnisciencia.

Por ejemplo, los Lepchas, una tribu de cazadores-recolectores de Sikkim, creen que todo lo que hay en el medio ambiente tiene una importancia espiritual, que los animales y las aves comparten una relación simbiótica de obligación mutua y de confianza con los humanos. Su norma socio-ética, denominada *bukrup*, implica evitar la destrucción innecesaria de la naturaleza. Las hembras de las especies animales salvajes no pueden ser objeto de caza. Los machos tampoco, en determinados períodos del año o bajo ciertas condiciones. La pesca se halla prohibida entre julio y octubre, la temporada de reproducción. Una persona que corta un solo árbol, debe plantar otros ocho árboles jóvenes en su lugar y cultivarlos durante seis años. Las aves migratorias, especialmente los cucos, deciden el calendario agrícola y son por lo tanto sagrados. El faisán es también sagrada, porque, según un antiguo mito, salvó a los antiguos lepcha de una gran inundación y los guió hasta la seguridad de Monte Tedong.

En la India, las primeras pinturas rupestres de Bhimbetka, en el distrito de Raisen, en el estado de Madhya Pradesh (datadas entre el 10.000 y el 7.000

a.C.) son el emplazamiento más antiguo conocido donde se representa la caza, la lucha contra los animales y la recolección de miel. En ellas aparecen sorprendentemente caballos y elefantes. Las pinturas pertenecen al Paleolítico superior, al Mesolítico, al Calcolítico, al período histórico antiguo y a la Edad media. Las primeras pinturas consisten en esbozos de grandes animales, como el tigre, los bisontes y los rinocerontes. Las del período Mesolítico son pequeñas figuras estilizadas de los seres humanos y animales dibujados con final líneas. Las pinturas del período Calcolítico incluyen escenas agrícolas, mientras que las del período histórico antiguo incluyen símbolos religiosos y espíritus de los árboles (*yakshas*). En Bhimbetka se representan varios animales: mamíferos, como tigres, leones, jabalíes, bisontes, elefantes, ciervos y perros; reptiles, como lagartos y cocodrilos; y aves, como el pavo real. Hay una roca repleta de animales a la que se ha dado el nombre de «la roca del zoológico». Hay abundantes escenas de caza, con arcos, flechas, espadas y escudos. En una cueva, se ve a un bisonte persiguiendo a un hombre, al que dos compañeros contemplan con impotencia.

A medida que se fue implementando la agricultura, se domesticaron y se emplearon para el trabajo a los animales más dóciles y menos peligrosos, como la vaca, el toro, el búfalo, el caballo e incluso el más grande de todos ellos, el elefante. Es evidente que hay una correlación entre el tipo de alimentos que se consumían y los animales que se domesticaban, pues todas las especies domesticadas, incluyendo a los elefantes y a los camellos, eran vegetarianas. El culto a estos animales fue diferente, pues eran grandes y fuertes, pero amables y muy trabajadores. Mientras que muchos animales fueron venerados por sí mismos, a otros se les convirtió míticamente en compañeros de los dioses.

En la tradición de la India, se considera que los animales tienen los mismos sentimientos y pasiones que los seres humanos. Pueden metamorfosearse a voluntad y entender el habla humana, convirtiéndose así en seres divinos. Al reconocer su divinidad, religiones de la India les otorgaron una posición única que ayudó a proteger a muchas especies animales. A algunos animales se les consideraba la morada temporal o permanente de las almas de los muertos. La deificación de un animal en particular no dependía de su número, sino de las cualidades que lo hacían único.

Esta divinización condujo a la protección de los animales, una salvaguardia que se perdió en el período británico, cuando a muchos animales se les describió como parásitos y se incitó a las gentes a matarlos; esto condujo al exterminio del guepardo y casi a la extinción de otros como el león, el tigre y el leopardo.

Aunque muchas culturas consideran la zoolatría o adoración de animales como una forma baja de religiosidad, no ocurre en absoluto así en el contexto indio. Los animales son una forma de vida distinta de la humana, pero no necesariamente inferior. Participan de pleno en la esencia divina de todo el universo y sirven como símbolos de unas características venerables. El ser divino, que lo es todo, incluye por igual a dioses, hombres, bestias y hasta los objetos inanimados. Nada hay fuera de él. De ahí el carácter sagrado de los animales y el que desde antiguo se les haya venido sacralizando en la India, como parte integrante de la naturaleza.

Algunos son sagrados de por sí, como las vacas. Otros se hallan asociados a diversos dioses del panteón hindú, como acompañantes o cabalgaduras de los mismos, lo que justifica su sacralización y la reverencia en que se les tiene. Así el caso del elefante, del caballo, del pavo real, del cisne, del león. No es difícil amar a estos animales, y los indios lo hacen: los respetan, los protegen y los veneran en su iconografía sagrada.

Esta práctica, poco entendida en Occidente, hace que el indio respete el equilibrio ecológico, se incline por un saludable vegetarianismo y viva con gran naturalidad en contacto con otros seres vivos. En general, los indios conviven fácilmente con los animales, no les consideran un peligro ni les atacan innecesariamente. Aunque gran número de especies se hallan especificadas en este proceso de sacralización, algunas de ellas se encuentran en una situación privilegiada, por razones culturales, económicas y de otra índole.

Históricamente, a los animales se les veneró por varias razones. Al elefante, una especie clave, se le reconoció como el eliminador de obstáculos, su papel en la selva india. El langur era un tipo de primate que limpiaba de restos las selvas. Los peces eran indicadores ecológicos. El jabalí era un indicador de la lluvia. La vaca era esencial para la producción de leche y sus derivados, en los que se basaba la alimentación del pueblo indio. El toro era un animal de tiro. La gacela era esencial para la supervivencia de la planta *khejri*, que era el pilar del desierto. Y muchos otros tenían un papel ecológico o social importante. Las cualidades de los animales se vincularon a las deidades a las que se les asociaba y se construyó una mitología alrededor de cada uno.

Algunos se convirtieron en *vahanas* o vehículos de los dioses, y podrían ser sus iguales o simplemente sus acompañantes. El toro y el águila eran originalmente compañeros de Shiva y Vishnu, respectivamente, y mantenían una importancia igual, aunque fueron relegados después a posiciones de menor importancia.

Muchas figuras totémicas quedaron insertas en el panteón hindú. La tradición totémica estaba muy extendida en la India antigua: muchos linajes (*gotra*) sánscritos, muchos nombres de los sabios son de origen animal, como Bharadwaja (búho), Garga (cocodrilo), Rishyashringa (nacido de una cierva), Jambuka (chacal) o Gautama (conejo); aunque también los hubo de origen vegetal, como Kaushika (la hierba *kusha*) o incluso basados en el agua, tales como Agastya. Muchos nombres de los clanes tienen un origen animal, como Maurya, Más (pavo real) y Ghorpade (lagarto). Religiones y sistemas de creencias diferentes se sincretizaron en el hinduismo.

Algunos animales eran amigos y compañeros. El perro era un vagabundo que se juntaba con las personas, convirtiéndose así en el compañero del dios Bhairava. Algunos eran jefes locales, como el rey-mono Sugriva, que construyó el puente a Lanka y proporcionó un ejército al príncipe Rama, tal y como se cuenta en la epopeya del *Ramayana*. El buitre Jatayu dio su vida tratando de salvar a Sita, la esposa de Rama.

La santidad de un animal puede derivarse de su valor económico. El ganado es respetado en las sociedades pastoriles que se basan en el animal para su sustento. Los pastores arios védicos consideraban al ganado como una importante fuente de riqueza y, por lo tanto, sagrado.

Algunos animales eran parte de la historia social y terminaron siendo considerados mitológicamente como demonios. Mahisha, el búfalo, era un gobernante de la antigua ciudad de Mysore (Mahisha-ur), que fue derrotado en una batalla por la Durga. Al búfalo lo adoraban las tribus de pastores indígenas de la India. La guerra entre el demonio búfalo y la diosa reproduce en una leyenda el conflicto entre tribus de adoradores de búfalos y las productoras de alimentos que adoraban a la Diosa Madre. Cuando esta última ganó la guerra, el dios de la primera se convirtió en un demonio. Pero Mahisha perdura como el dios de las tribus de los todas y los gonds y como la deidad Mhasoba en la región de Maharashtra.

Por último, otros animales como el león, la montura de la diosa Durga —que era antes la montura la diosa Ishtar de Babilonia y de la Artemisa griega— probablemente entró en la India con las migraciones y los viajeros.

El empleo de términos como 'salvaje' o 'doméstico' es complejo, ya que ambos viven en un mismo hábitat. Así, al elefante, un animal salvaje, se le domestica y, en una forma de cruel ironía, uno de los atributos de Ganesha —el dios de cabeza de elefante— es el focino que se utiliza para controlarlo y entrenarlo. El búfalo, un herbívoro dócil, se convierte en el demonio Mahisha cuando se enfrenta a la Diosa Madre.

En el hinduismo hay tres caminos (*marga*) para la liberación: el más alto es *gñana* o el conocimiento de la naturaleza ilusoria de la vida (*maya*); el segundo es el *karma* o la acción; el tercero es la devoción, *bhakti*, entregarse al dios personal de cada uno. El del ser humano se considera un nacimiento superior únicamente porque puede elegir conscientemente un camino. Pero hay animales que se elevan por encima de las limitaciones de su cuerpo y viven su vida cumpliendo con uno de los tres *marga*. No necesitan seguir sujetos al ciclo de la vida y la muerte y pueden alcanzar la liberación obteniendo un nacimiento humano o incluso directamente.

LOS *AVATARA* O ENCARNACIONES DE VISHNU

'*Avatara*' significa «uno que desciende». Los hindúes creen que cada vez que el *dharma* o la Ley están en peligro, el dios Vishnu se encarna para salvar al mundo del mal. En estas encarnaciones, Vishnu realiza las tres funciones de creador, preservador y destructor, porque destruye el mal y vuelve a establecer el *dharma*. En la *Bhagavad Gita*, Vishnu promete encarnarse siempre que sea necesario:

> ¡Oh, descendiente de Bharata!, cada vez que hay una merma en las prácticas religiosas y un predominio de la irreligión, desciendo al mundo para la liberación de los piadosos, para la aniquilación de los malhechores, para el restablecimiento de los principios de la religión; así he venido haciendo milenio tras milenio (4.7-8).

Esta estrofa es uno de los principios fundamentales de la religión hindú y promete una intervención divina y una vinculación de toda la creación. Uno de los aspectos más importantes de la teología hindú es el vínculo de las diferentes especies con la reencarnación. Más importante aún: se cree que el Ser Supremo se encarna en forma de diversas especies. La *Shrimad Bhagavatam* dice:

> Esta forma es la fuente y la semilla indestructible de múltiples encarnaciones dentro del universo, y de la partícula y la porción de esta forma se crean diferentes entidades vivientes, como semidioses, animales, seres humanos y otros (1.3.5).

El número de encarnaciones de Vishnu se considera generalmente de diez, aunque en algunos libros, como el *Bhagavata Purana* el número puede llegar hasta veintidós. Sin embargo, la creencia popular es que hay diez encarnaciones, de las cuales nueve ya ha tenido lugar. Lo importante de las diez encarnaciones es que hay un proceso evolutivo natural, pues Vishnu encarna en varias especies que toman formas progresivas de desarrollo. Las primeras cuatro formas son el pez o Matsya, que vive en el agua; Kurma, la tortuga anfibia, que vive en el mar y en tierra; Varaba, el jabalí, el mamífero de cuatro patas; y Narasimha, un ser que es mitad hombre y mitad león. El resto son Vamana, el enano; Parashurama, el hombre salvaje con el hacha, no muy diferente del hombre Edad de Piedra; Rama, el hombre perfecto y modelo a seguir; Krishna, el político y filósofo, un ser altamente evolucionado; y Buddha, del hombre de paz y altamente inteligente; la décima encarnación, Kalki, será el futuro destructor de este mundo para posibilizar el siguiente.

Muchas encarnaciones son probablemente deidades locales que el hinduismo asimiló como encarnaciones de Vishnu y que se colocaron en una escala evolutiva natural, muchos siglos antes de que aparecieran las teorías de Charles Darwin. Sin embargo, sólo las primeros cuatro encarnaciones, aparecidas en el Satya Yuga (la Primera Edad), nos conciernen en este estudio. Al encarnarse como animal, Vishnu reitera que toda la creación (animales y personas) tienen la misma esencia.

El batimiento del océano

El mito del *samudra manthana* o Batimiento del Océano Primigenio aparece por primera vez en la epopeya del *Ramayana*. Muchos de los animales sagrados surgen del océano y son parte de las nueve gemas sagradas (*navaratna*) que nacen de él.

Según la epopeya del *Mahabharata*, los *asura* o demonios se habían vuelto muy potentes debido a su conocimiento de la técnica del *sanjivani*, la habilidad de revivir a los muertos o moribundos. Los *deva* o dioses, pidieron ayuda al dios Brahma y éste aconsejó que se estableciera una amistad con los *asura*. Así que los *deva* invitaron a los *asura* a batir el Océano de manera conjunta para obtener el *amrita*, el néctar de la inmortalidad. La tortuga cósmica Kurma —también una encarnación de Vishnu— ofrecen su espalda como punto de apoyo para el monte Mandara, que había de ser el palo del batimiento; la serpiente Vasuki se ofreció para ser la cuerda de batir. Dioses y demonios batieron entonces el Océano primigenio como se bate la leche para obtener la mantequilla.

Entre las nueve gemas que salieron de las aguas esta el elefante divino Airavata, la divina vaca Kamadhenu y el caballo divino Uchchaishravas, junto con la diosa Lakshmi, la prosperidad personificada. Se dice que esta historia puede ser una alegoría del comercio antiguo, que se hacía a través del mar, pues se creía por el mítico Airavata había nacido del río Iravathi (Irrawaddy) en Birmania, el hogar del sagrado elefante blanco. El caballo vino de la península arábiga y sólo la vaca era autóctona. Muchos otros artículos que surgieron del océano fueron objeto de comercio en la antigua India.

Kashyapa

Kashyapa es uno de *prajapati* o artífices del universo. Según el *Ramayana*, era el séptimo y último hijo del dios Brahma.

Kashyapa juega un papel importante en la creación. Se casó con las trece hijas de Daksha, que dieron a luz a los dioses, a los demonios y a todas las criaturas. Aditi era la madre de los *adityas* (dioses o *devas*); Diti fue la madre de los *daityas* (demonios o *asuras*); Krodhavasa, la madre de Kamadhenu y de todas las vacas, así como de los elefantes; Vinata fue la madre de Aruna y del águila Garuda, asociada al dios Vishnu; de Kadru nacieron los *nagas* o serpientes y Sarama, el perro Indra, antecesor de todos los canes. De esta manera, los dioses, las personas y los animales se convirtieron en hermanos. En las descripciones literarias de que se hacen sobre Kashyapa se identifica a una deidad primitiva a la que se representa rodeada de animales y que se halló en unos sellos de terracota de la antigua civilización de Harappa con el dios Pashupati, el señor de los animales, una de las manifestaciones del dios Shiva.

En todas las funciones anteriores, los animales interactúan con el mundo de los humanos en los mitos. Esto no es exclusivo de la India: todas las civilizaciones antiguas tenían mitos que amalgamaban a dioses, personas, animales y a la naturaleza, pero en la india estas historias son mucho más abundantes.

Estos mitos de origen animal incluyen explicaciones sobre características físicas, como por qué la ardilla consiguió sus rayas; sobre el origen de un animal, en particular los que gozan de un estatus especial, como la vaca; sobre el comportamiento de un animal, como las águilas que atacan y devoran a la serpientes; sobre el, el papel ecológico de un animal, como el elefante que controla a los ratones de campo; sobre un acontecimientos histórico, como la derrota de los pastores adoradores de búfalos ante los agricultores, adoradores de la diosa Tierra; sobre el funcionamiento social, como la tareas de los bueyes; sobre la cohesión social creada por un tótem o símbolo que une a una tribu; sobre el orden moral, insistiendo en la fuerza y la dulzura del elefante o la generosidad de la vaca que proporciona leche; sobre el castigo del mal, como sucede con el mono Hanuman en la epopeya del *Ramayana*, o sobre el control de las fuerzas naturales, como el perro que custodia *Vedas* y el camino al cielo.

El vehículo de los dioses

La palabra *'vahana'* significa «vehículo». Los animales, en la tradición india, son generalmente los vehículos de los dioses, al igual que fuerza de tiro para los seres humanos. A menudo, el vehículo es la manera más rápida y directa de identificar a una deidad en una pintura o escultura. Por lo general hay una elaborada historia que explica la razón por la que una deidad está asociada a un animal particular.

En el totemismo, la supresión de una tribu por otra queda representada por la deidad de la tribu derrotada colocada en una posición más baja que el dios del vencedor y se genera un mito para explicar el incidente. Una confederación de dos tribus o comunidades se representa generalmente mediante la combinación de las deidades de ambos, como Shiva y su toro Nandi o Vishnu y su águila Garuda. La naturaleza del animal también se tiene en consideración. El perro, por ejemplo, nunca se usa como un vehículo, sino como animal de compañía, en los casos primero de Indra y después de Shiva.

El vehículo es a la vez un emblema y un símbolo. Si el toro es el emblema de la identificación con Shiva, es también un símbolo de fuerza y virilidad, al igual que el águila, emblema de Vishnu, simboliza el sol y el león de Durga simboliza la fertilidad. Puede representar las fuerzas del mal destruidas por la deidad, como en el caso de Ganesha, que está sentado en un ratón, descrito como un demonio, con el fin de controlar a las plagas de roedores que destruyen las cosechas. Algunos vehículos animales tienen nombres específicos, otros no. A menudo, un dios se asocia con diferentes animales en diferentes períodos y en diferentes textos. Por ejemplo, el compañero original de Indra era originalmente el perro Sarama; más tarde se le vinculó al elefante blanco Airavata. A veces se monta sobre el caballo Uchchaishravas.

Los principales dioses y sus vehículos son los siguientes: Agni (tigre), Bhairava (perro), Brahma (cisne), Brihaspati (elefante), Buddha (caballo), Chamunda (búho), Chandra (diez caballos), Durga (león), Ganesha (ratón) Ganga (cocodrilo), Indra (elefante), Kama (loro), Kamakhya (gallo), Murugan (pavo real), Kubera (mangosta), Lakshmi (elefante), Pushan (cabra), Rati (paloma), Sarasvati (cisne), Shani (cuervo), Shashti (gato) Shitala (burro), Shukra (cocodrilo), Shiva (toro), Soma (antílope), Ushas (vaca), Varuna (pez), Vayu (ciervo), Vishnu (águila), Vishvakarma (elefante), Yama (búfalo), Yamuna (tortuga), etc.

El *Pañchatantra*

El *Pañchatantra* es una colección de historias escritas por Vishnu Sharma en el siglo IV. Sin embargo, se basa en tradiciones orales mucho más antiguas, quizá primeros cuentos infantiles jamás escritos. Entre los restos arqueológicos hallado en Lothal (alrededor del

3000 a.C.), hay una talla de un gran buque en el que se representan aves con peces en sus picos, una reminiscencia de una historia del *Pañchatantra*. La historia del cuervo sediento y el venado, en la que el venado no podía beber de la estrecha boca de una jarra, mientras que el cuervo lo consiguió dejando caer piedras y elevando el nivel de agua se representa en un frasco en miniatura. Estos cuentos del *Pañchatantra* son, evidentemente, muy anteriores al momento en que se recopilaron por escrito.

Este libro es un *niti shastra*, un texto de conducta sabia, escrito en prosa. Comienza diciéndonos que el rey de Amarashakti Mahilaropya, en el sur de India, tuvo cuatro hijos que necesitaban disciplina. El escritor real Vishnu Sharman les enseña política, administración y moral a través de una serie de historias o fábulas. El *Pañchatantra* es un libro de texto sobre la sabiduría mundana. La moral de las historias glorifica la sabiduría práctica en los asuntos de la vida, la política y el gobierno. Las fábulas de animales terminan siempre con una moraleja. Los animales representan caracteres constantes, que muestran la naturaleza humana: el león es el rey, siempre grande y fuerte, pero estúpido; el chacal o el zorro es el héroe inteligente y astuto; los pequeños animales, como los pájaros, las ranas, o los insectos, son inteligentes y saben trabajar en equipo; los animales grandes, como el elefante y el cocodrilo, tienen fuerza bruta, pero no son muy inteligentes, etc. Hay una exaltación de lo pequeño frente a lo grande, de lo débil ante lo fuerte y de la inteligencia sobre el poder.

En la guerra que se relata en la epopeya del *Mahabharata*, cada gobernante se distingue por llevar en su bandera el emblema de un animal. Esta práctica continuó hasta la época medieval e incluso nuestros días, donde incluso los partidos políticos adoptan la costumbre (como, por ejemplo, el partido Bahujan Samaj, cuyo símbolo es el elefante). Del mismo modo, se grabaron con edictos pilares sobre los que aparecían animales, inicialmente construidos en madera y más tarde en piedra, fueron grabados con edictos. El rey Devanama Piyadasi, conocido como Ashoka Maurya, ordenó que sus edictos se grabaran allí donde se encontrara pilares de piedra, lo que indica que las columnas rematadas por leones, toros o elefantes eran anteriores a su tiempo (siglo III a.C.). Existían muchas columnas decorativas con animales por todo el país, lo que sugiere que representaban diversos cultos de adoración de la fauna.

RAMA (*CIRCA* 1000 A.C.)

En el curso de la historia de la India, algunas personas han contribuido deliberadamente a la elevación del estatus de los animales. El príncipe Rama es uno de ellos.

Rama es el héroe del *Ramayana*, una de las dos grandes epopeyas de la literatura sánscrita. Sita, la esposa de Rama fue secuestrada por Ravana, el rey-demonio de la isla de Lanka, y Rama viajó hasta allí para encontrarla y rescatarla. En el transcurso de sus viajes, se encontró con varias tribus o pueblos indígenas. Los que se mostraron hostiles quedaron designados como demonios y destruidos, mientras que los que cooperaron quedaron integrados. Entre estos últimos aparecen muchos «animales» y «tribus de animal». La asociación de Rama con varios animales hizo mucho para elevarlos a los ojos de la gente.

Los Vanaras eran el pueblo de la selva, o *nara vana*, posteriormente identificados como monos. Su héroe, Hanuman, es también uno de los héroes de la epopeya. Fueron los aliados de Rama y construyeron un puente entre la península de la India y Lanka para permitir que Rama y su ejército de monos cruzara el mar. Lucharon contra los *rakshasas* (demonios) de Lanka y muchos dieron su vida por esta causa, por lo que son hay respetados y están protegidos por toda la India.

Jambavan, un oso sabio, fue el principal consejero de Rama durante la guerra. Valmiki, el autor del poema, le llama también *vanara* o habitante del bosque por. En el *Mahabharata*, la hija de Jambavan, Jambavati, se casa con Krishna, octava encarnación del dios Vishnu. Así vemos que en la India antigua al oso se le dio un estatus especial por su sabiduría.

El buitre Jatayu luchó contra el rey-demonio Ravana, en un intento de evitar que raptara a Sita. Rama liberó su alma y todos los buitres quedaron consagrados por ello. Una pequeña ardilla contribuyó a la construcción del puente a Lanka transportando apenas la arena que podía cargar, proporcionando así material de unión para las piedra más grandes. Rama puso su mano sobre la ardilla, la bendijo y por ello quedaron marcadas tres rayas en la espalda del animal. Por ello, nadie molesta a las ardillas incluso cuando se comen los frutos de los huertos.

A Rama se le identificó más tarde como un *avatar* o encarnación de Vishnu y se convirtió en una de las deidades más populares del hinduismo medieval. A medida que se desarrolló el culto a Rama, los animales quedaron asociados a su propia santidad y en el caso de Hanuman llegaron a alcanzar una condición divina. Incluso hoy en día matarlos se considera un pecado atroz.

LA *AHIMSA* O NO VIOLENCIA

El concepto de *ahimsa* —no violencia en pensamiento y obra— es la contribución mayor de la India a la cultura mundial. Los *Vedas* y las *Upanishads* son los primeros libros en que se habla de *ahimsa*. A pesar de que los arios no eran vegetarianos, el concepto de no matar aparece en su literatura más antigua. El *Rig Veda* condena todas las formas de matar, incluso para comer, y coloca a los veganos sobre los bebedores de leche. Esto fue una admisión importante para un pueblo de pastores que utilizaban grandes cantidades de *ghi* (mantequilla clarificada) para sus rituales. A los dioses se les llamó «toros de los arios», en alusión a sus características individuales de virilidad y bondad.

El *Yajur Veda* dice que el servicio a los animales conduce al cielo. Según el *Atharva Veda*, la tierra se creó para el disfrute no sólo de los seres humanos, sino también de los bípedos y cuadrúpedos, las aves y todas las otras criaturas. La aparición de todas las formas de vida del Ser Supremo se expresa en la *Mundaka Upanishad*, afirmando que todos los seres vivos surgen de un mismo principio divino.

Estas ideas condujeron al concepto de *ahimsa* o no violencia. Mucho más tarde, el *Manusmriti* dice que el que daña a los seres inocentes con el deseo de darse a sí mismo placer nunca encuentra la felicidad ni en la vida ni en la muerte. El *Shrimad Bhagavatam* afirma que una persona cruel que mata a otros seres merece ser muerto y no podrá ser feliz ni en esta vida ni en las sucesivas. Las consecuencias, según el *Yajña-valkya Smriti*, son que el malvado que mata a los animales, que deben estar protegidos, tendrá que vivir en el infierno igual al número de días como de pelos había en el cuerpo del animal.

En los *Puranas* posteriores, matar animales y comer carne se consideran pecados atroces que ni las oraciones ni las peregrinaciones purifican.

Aunque el *Sanatana Dharma* (el deber eterno,

nombre con que los hindúes definen al hinduismo) no exige a sus adherentes que sean vegetarianos, el vegetarianismo se considera una forma de vida más pura y esta creencia continúa en el hinduismo contemporáneo, donde el vegetarianismo se considera esencial para el avance espiritual.

MAHAVIRA (599-521 A.C.)

Alrededor del siglo VI a.C., nacieron dos grandes predicadores religiosos, que llevaron la filosofía de las *Upanishads* sobre la buena conducta y la no violencia hasta el lenguaje común. Uno de ellos fue Mahavira Jina (el victorioso) y el otro, Gautama Buddha (el sabio). Ambos recalcaron que la *ahimsa* o no violencia era un elemento esencial para una vida correcta.

Mahavira («gran héroe») era el título del príncipe Vardhamana, hijo de Siddharta, rey de Kundalpura, y de la reina Trishala o Priyakarni, nacido el 599 a.C. Abandonó su casa en el 569 para convertirse en monje. Logró la iluminación en el 557 y alcanzó el *nirvana* en el año 527. La reina Trishala tuvo catorce augurios propicios antes de dar a luz a Vardhamana, que le anunciaban la llegada de una gran alma. Estos símbolos fueron un elefante, un toro, un león y una pareja de peces, lo que simbolizaba una gran espiritualidad en el jainismo.

Mahavira no fue el fundador del jainismo, sino el

vigésimo cuarto y último *tirthankara* («cruzador de vados», maestro espiritual) que revisó las doctrinas de su filosofía y estableció los principios centrales del jainismo. *«Ahimsa paramo dharmah»* (la no violencia es la religión más elevada) es el principio básico del jainismo. La violencia es la causa fundamental de todas las angustias y los sufrimientos de los seres vivos. La disciplina ética es importante y sagrada. Para liberarse, Mahavira enseñó la importancia de la fe correcta, el conocimiento correcto y la conducta correcta, que incluye la no violencia (*ahimsa*) y la abstención de causar daño a ningún ser vivo.

El jainismo es básicamente un sistema ético-metafísico. En comparación con el hinduismo y el budismo, la *ahimsa* es el primer *vrata* (voto o disciplina) que debe entender y practicar tanto el hombre común como el asceta y que equivale a la comprensión del Ser Supremo. Todas las demás virtudes son secundarias y están subordinadas a la *ahimsa*. Según el jainismo, *himsa* no es meramente la violencia, sino la ruptura de cualquiera forma de vida de los seres móviles o inmóviles. El concepto de *ahimsa*, como se ve en el jainismo, es muy amplio y tiene en cuenta el bienestar de todos los seres de la tierra. Mantener a alguien en confinamiento, sin tener en cuenta su libertad, es *bandhana* (cautiverio). La cría de animales sin condiciones adecuadas de aire, luz, espacio y alimento es *atichara* (mala conducta). Mantener a los animales, incluyendo al ganado lechero, atados con cuerdas o cadenas durante el día es violencia. La oración más simple de los jainistas pide que la ley de los jaínes pueda dar toda la felicidad a todos los seres vivos del mundo. Todos los seres desean vivir. A todos les gusta el placer, todos odian el dolor, todos huyen de la destrucción y todos quieren vivir mucho tiempo. La vida es amada por todos los seres por igual.

De todas las religiones, el jainismo es la que da mayor respeto a la vida. *Jiv daya* (la compasión por todos los seres vivos y el regalo de la vida) es su filosofía primordial y esto ha conducido a la creación de hospitales para animales y *pinjrapoles* (casas de retiro para las reses viejas), la mayoría de los cuales está a cargo de jainistas. Tan estricta es su voluntad de respetar la vida que los monjes y monjas jaínes se cubren la boca para evitar que entren los insectos e incluso las bacterias y barren el suelo no pisar, aunque sea accidentalmente, a las hormigas u otros insectos al caminar.

Si bien el jainismo se mantuvo como un culto minoritario, tuvo un profundo influjo en el hinduismo. Los arios que comían carne comenzaron a evitar la caza y la matanza. Los brahmanes se hicieron en vegetarianos y la protección de los animales se convirtió en la más alta filosofía. Esto tuvo un profundo impacto no sólo en la India antigua, sino incluso en varios gobernantes musulmanes de la India medieval. Mucho más tarde, en el siglo XX, Gandhi adoptó la filosofía de la *ahimsa* o no violencia para obtener la libertad de la India del dominio británico.

Como las imágenes de todos los *tirthankaras* son

idénticas, sus pedestales contienen el emblema de los animales o símbolos naturales de cada uno, que es el único medio de identificarlos. Entre estos maestros están Rishabhanatha (el toro), Ajitanatha (el elefante), Sambhavananatha (el caballo), Abhinandana (el mono), Sumatinatha (el ganso), Padmaprabha (el loto), Suparshvanatha (la esvástica), Chandraprabha (la luna), Pushpadanta (el cocodrilo), Shitalanatha (la higuera), Shreyamsunatha (el rinoceronte), Vasupujya (el búfalo), Vimalanatha (el jabalí), Anantanatha (el puercoespín), Dharmanatha (el rayo), Shantinatha (el ciervo), Kunthunatha (la cabra), Aranatha (el agua), Munisuvrata (la tortuga), Naminatha (el árbol de *ashoka*), Neminatha (la concha), Parshvanatha (la serpiente) y Mahavira (el león).

Gautama Buddha (566-483 a.C.)

Siddhartha Gautama fue el fundador del budismo. También fue conocido como Sakyamuni («sabio de los Sakyas»), por pertenecer a la tribu Sakya. A la edad de veintinueve años, Siddharta dejó su palacio por primera vez. A pesar de los esfuerzos de su padre para que no conociera la enfermedad, la vejez y la muerte, Siddhartha se hizo consciente de estos hechos y quedó profundamente perturbado. Dejó su palacio para convertirse en un mendigo. Entonces, sentado bajo un árbol —ahora conocido como el árbol Bodhi en Bodh Gaya—, alcanzó la iluminación a la edad de treinta y cinco años. Se dio cuenta de que la naturaleza y la causa del sufrimiento humano era la ignorancia y marchó predicar métodos para eliminar el dolor. A partir de entonces se le conoció como el Buddha (el despierto).

Entre las enseñanzas del Buddha, la más destacada fue el *ahimsa* (no causar daño a nadie). La no violencia no es simplemente abstenerse de causar lesiones a otras personas con las armas. La no-violencia debe practicarse con la pureza de la mente, el habla y el cuerpo. No debe haber ningún sentimiento de culpa, que es una forma de violencia. Causar daño a los demás mediante el cuerpo es también violencia (*himsa*). Nadie debe resultar dañado ni siquiera por el habla. El discurso debe ser dulce, agradable y saludable. Todas las acciones deben ser de utilidad para otros.

Un día Gautama Buddha vio a unas ovejas a las que se conducía hacía el lugar donde iban a ser sacrificadas. Tomó un pequeño cordero en brazos y siguió a las ovejas al recinto especial donde el rey debía realizar el sacrificio. Cuando oyó decir que el sacrificio ceremonial del cordero proporcionaría grandes bienes al estado, Buddha, para avergonzar a los presentes y hacerles ver su error, dijo que, dado que un hombre, —especialmente uno como él que era un príncipe y monje— era mucho más valioso que un cordero, el rey debería matarle a él (al Buddha) y obtener mayor mérito. Añadió que el sacrificio simboliza uno de los puntos débiles del hombre, puesto que se hacían para obtener beneficios en este mundo, que sólo creaban deseo y apego. Tomar otra vida con el fin de vivir más tiempo y con mayor satisfacción de los propios deseos era un acto reprobable, dijo el Buddha. No se debe matar a las ovejas, sino a la propia lujuria y la codicia, al odio y a la malicia. Sacrificando los deseos egoístas es como se obtiene la paz, la realización y el *nirvana*.

El óctuple sendero que enseñó el Buddha hace hincapié en la importancia de abstenerse de realizar actividades que hagan daño a otros seres vivos. *Boddhisattva* es aquel que está lleno de *maitri* (amistad) hacia todos los animales, pues aspira a lograr el estado de Buddha. Como la madre es buena con su único hijo muy amado, así también debemos todos ser buenos con todas las criaturas de todo el mundo. El propio Buddha, huyendo de sus discípulos, que reñían por cosas nimias, buscó refugio entre los animales, que le sirvieron devotamente.

Los cuentos de los *Jataka* describen las nobles cualidades de varios animales como ejemplos que se deben imitar. Muchos de los nacimientos anteriores de Buddha se dice que fueron en cuerpo de animal, mientras que su nacimiento final como Gautama Buddha quedó profetizado en el sueño de un elefante que entraba en el vientre de su madre, Maya Devi. La serpiente es una deidad popular asociada al Buddha, al que se representa a menudo protegido por una serpiente. Mientras que las esculturas budistas más antiguas no retratan el Buda excepto a través de sus símbolos, se muestran a hombres y mujeres con capucha de serpiente adorando el árbol de la iluminación y a los pies del maestro. El ciervo es otro animal favorito en la escultura budista, pues representa el primer sermón del Buddha en el parque de los ciervos en Lumbini.

Tres animales representan las tres etapas de la vida de Buda: el elefante simboliza su nacimiento, cuando su madre soñó con un elefante que entraba en su vientre; el caballo representa la renuncia de su reino y el abrazo de la vida monástica; y el ciervo representa su primer sermón, como ya hemos dicho.

Buddha fue un gran defensor de la *ahimsa* y trató de eliminar el consumo de carne y el sacrificio de los animales de Sanatana Dharma. De hecho, fue por el influjo del Buddha y de Mahavira por lo que los brahmanes que comían carne se convirtieron al vegetarianismo. Más tarde, el budismo desarrolló una mitología y teología elaboradas. El Buddha Dhyani (en meditación) y algunos *boddhisattvas* tienen cada uno un vehículo animal, semejante a los dioses hindúes. Las formas de Buddha asociadas a animales son las siguientes: Amitabha (el pavo real), Akshobhya (el elefante), Raktayamari (el búfalo), Vairochana (el dragón), Marichi Ashokakanta (el cerdo), Marichi Pichuva (un carro de siete cerdos), Amoghasiddhi (el águila) y Mañjughosa (el león), entre otros.

Ashoka (304-232 a.C.)

Si alguien puede ostentar el mérito de la propagación masiva del *ahimsa* en la India es el rey Ashoka Maurya. Su abuelo, Chandragupta, se cree que renunció a su trono para convertirse en un monje jainista, por lo que el interés en una teología de la no violencia ya era una tradición familiar.

Los primeros años del reinado de Ashoka se dedicaron a la expansión y consolidación del Imperio Maurya, que incluía el Uzbekistán y se extendía hasta las puertas de Persia. Ashoka quedó consternado por la pérdida de vidas humanas y de animales, especialmente de elefantes y caballos, después de la batalla de Kalinga (en la moderna Orissa) y juró que renunciaría a la guerra y la violencia. Sus políticas de estado, de ese momento en adelante, se basaron en el *dharma*, o la ley de justicia. Sus edictos en rocas y columnas son el testimonio de su adopción de la *ahimsa* como política de estado, su prédica sobre el respeto a la vida de los animales como algo esencial para el *dharma*.

El primer edicto en la roca dictado por Ashoka dice: «Amado de los Dioses, el rey Piyadasi, ha mandado escribir esto. No se han de sacrificar seres vivos. Antes, en las cocinas del Amado de los Dioses, el rey Piyadasi, cientos de miles de animales morían todos los días para preparar los alimentos. Pero ahora, tras la redacción de este decreto, sólo se sacrificará a tres criaturas, dos pavos reales y un ciervo, y eso no siempre. Estos tres seres vivos tampoco deberán ser sacrificados en el futuro.»

Los edictos de Ashoka, que se encuentra en el norte de la India, se escribieron en columnas coronadas por capiteles de cuatro majestuosos leones o cuatro toros, sentados espalda con espalda, llevando una gran rueda, la rueda del *dharma*. La selección de los animales heráldicos es significativa. El león fue un símbolo de la realeza y el poder, mientras que el toro era un recuerdo del período védico, cuando a los propios dioses se les llamaba toros. En la base de las columnas también aparecía un friso de animales —toros, elefantes, ciervos, caballos y gansos— en un evidente estado de la felicidad que era el resultado de la política del *ahimsa*. Ashoka habló en contra de sacrificio y la matanza de animales y extendió la filosofía de la no violencia por toda la India y muchas otras partes de Asia. Mientras que el Buddha se dedicaba a volver a llevar al Sanatana Dharma (el hinduismo) a sus nobles raíces upanishádicas, carentes de rituales, de castas y de sacrificios de animales, fue Ashoka que convirtió el mensaje pacifista de Buddha en una nueva religión.

EL SHIVAÍSMO

La palabra *'bhakti'* significa «devoción». El movimiento *bhakti* o la creencia en una deidad personal comenzó en la región de Tamil Nadu, en los primeros siglos de la era actual, cuando los santos shivaítas o *nayanmar* se pronunciaron en contra males sociales como el sistema de castas y otras prácticas religiosas, como el sacrificio de animales. Una de las características importantes del culto al dios Shiva, el shivaísmo tamil fue su total rechazo al consumo de carne y su afirmación de que el individuo debía liberar su alma sin sacrificar animales. El respeto por la vida animal se convirtió en el símbolo de las personas evolucionadas.

El impacto del shivaísmo en la vida animal fue tan grande que incluso hoy en día la palabra tamil *'saivam'* significa vegetarianismo. Ser shivaíta implicaba vegetarianismo estricto y respeto por la vida. Un signo de la movilidad ascendente fue el cambio del sacrificio de los animales y el consumo de carne por un estilo de vida vegetariano.

EL VISHNUISMO

Varias tribus de Vrishnis, Ahirs y Yādavas eran seguidores de Krishna encarnación del dios Vishnu—, quien, según el mito, levantó la montaña Govardhana para proteger a los pastores y a su ganado. Si en el sur el shivaísmo había hablado en contra de la matanza de animales, en el norte fue el vishnuismo, especialmente el culto a Krishna, el que predicó una religión de amor a toda la creación y un respeto especial para las vacas que daban leche y eran, por lo tanto, sustitutos de la madre. Esto iba a tener consecuencias de largo alcance.

Según el mito, Vishnu encarnó varias veces, cuatro de las cuales fueron en forma de pez, de tortuga, de jabalí y como mitad hombre mitad animal. De este modo la divinidad aparecía por igual en el hombre y en los animales, y esto dio un impulso a la conservación de varias especies. Los santos medievales del movimiento *bhakti* predicaron la devoción a un dios personal, la igualdad del hombre, la bondad con los animales y el vegetarianismo. Los santos indios medievales, como Ramananda, Mirabai, Kabir, Tulsidas, Surdas, Jñaneshwar, Namdev, Ekanath, Tukaram, Ramdas, Purandaradas, Kanakadasa, Vadiraja, Basavanna, Akka Mahadevi, Krishna Chaitanya, Shankaradeva, Narasimha Mehta y Narayana Guru, además de muchos otros, fueron vegetarianos, animaron a sus seguidores a dejar de comer carne y predicaron la bondad con los animales. El Guru Nanak, fundador de la religión sikh, también predicó el vegetarianismo. Los *svamis* y gurus del hinduismo contemporáneo también difunden el mensaje de la bondad con los animales y el vegetarianismo, reforzando en cada época la idea de que los animales tienen alma y sensibilidad.

Jamboji de Bishnois (1485-1536)

Las duras condiciones ambientales del desierto de Thar en Rajasthan han hecho la gente local consciente de la importancia de mantener el equilibrio ecológico de conservación y vida silvestre de la zona. Algunas comunidades *bishnoi* incluso han sacrificado vidas para proteger la naturaleza y la vida silvestre.

El Guru Maharaj Jambheshvar (popularmente conocido como Jambhoji, Jamboji o Jambhaji) nació en Pipasar, un pueblo cerca de Jodhpur en Rajasthan. En 1519, a la edad de treinta y cuatro años, Jamboji fundó la religión Bishnoi, cuyo nombre deriva de los veintinueve principios que predicaba. De éstos, ocho se prescribieron para conservar la biodiversidad y fomentar la buena cría de animales. Cuando Jamboji falleció, dejó tras de sí los principios rectores de su comunidad para salvar el medio ambiente y sus animales. Jamboji fue un gran visionario, que había previsto las consecuencias de la destrucción de la naturaleza a manos del hombre para lograr un desarrollo económico. Vio la necesidad proteger el medio ambiente y tejió sus principios en los preceptos religiosos para que las personas pudieran internalizar esas ideas fácilmente. Jamboji predicó la hermandad, la igualdad de derechos para las mujeres, la preservación de la vida silvestre y los árboles, y la bondad hacia todos los animales. Estos principios forman la religión de los Bishnoi, que los siguen devotamente.

Jamboji dijo que renacería en cada antílope y gracias a sus enseñanzas los Bishnois nunca han permitido que nadie mate a cualquier ser vivo o corte árboles verdes. Tanto éxito han tenido sus esfuerzos de conservación, que la zona en la que vive esta comunidad está cubierta de árboles de todo tipo, haciendo que el desierto de sea el más verde del mundo. Gran número de tímidos antílopes deambulan libremente y sin temor pos. Las mujeres bishnoi son famosas por criarlos y cuidarlos cuando enferman.

El vegetarianismo

Cuando en Occidente se trata el tema del vegetarianismo, el enfoque es exclusivamente físico y de carácter higienista. Se hace énfasis en la toxicidad de la carne y en aspectos dietéticos de innegable validez, así como en criterios fisiológicos, económicos y ecológicos igualmente pertinentes.

En la India, el vegetarianismo (*shakahara*) no se base meramente en dichos argumentos, sino que tiene además una base ética que se encuentra mencionada en las escrituras védicas, muy anteriores al budismo. La razón principal para evitar el consumo de carne o pescado consiste en no tener que matar. Es un precepto derivado del pacifismo, de la no violencia. Las leyes humanas que establecen diferencias entre matar a un hombre y matar a un animal son, evidentemente, imperfectas. Si no podemos crear la vida, no tenemos derecho a quitarla. Éste es el principio por el que se rige el credo hindú.

Según estas doctrinas, de carácter panteísta, todo en el universo está formado por la misma substancia divina. Dicho de otra manera: todo en el mundo tiene alma, todo en el mundo es Dios, manifestado de una manera u otra. El respeto a la sacralidad de esa vida prohíbe lógicamente atentar contra ella.

Se podría aducir, con razón, que también el mundo vegetal participa igualmente de la divinidad. Esto es así en efecto, aunque esencialmente las plantas son menos sensibles que los animales y su sufrimiento es substancialmente inferior, siendo su consumo un mal necesario y menor, dentro de la actitud del consumo mínimo de recursos naturales.

No ha de considerarse, por tanto, que en la India sólo las vacas y algunos otros animales sean sagrados. En general, toda la vida es sagrada y se ha de respetar. Quienes no tienen esto en consideración incumplen radicalmente uno de los preceptos no escritos pero más importantes del hinduismo.

Otra consideración digna de ser tenida en cuenta es la noción antigua del efecto sutil de lo ingerido. Los hindúes creen que el consumo de carne contribuye a desarrollar en el hombre una mentalidad y unas actitudes de violencia, haciéndole especialmente irascible y apartándole de las percepciones espirituales. Por ello, el vegetarianismo se considera una gran virtud, superior a cientos de ofrendas a los dioses.

Además, considerando la creencia hindú en la reencarnación, cualquier alma humana puede morar en el cuerpo de un animal, por lo que su muerte e ingestión sería una forma velada de canibalismo.

Las razones que aduce la India para el respeto de la vida animal son varias: el pacifismo intrínseco, el evitar el mal *karma* producido por una acción violenta, las razones dietéticas e higiénicas y también las razones ecológicas que defienden la no interferencia en los ecosistemas.

Se estima que un cuarenta por ciento de los indios son vegetarianos que no comen carne en absoluto. Esta sería la mayor concentración de vegetarianos en el mundo. Los vegetarianos de la India son en su mayoría lacto-vegetarianos. Sin embargo, el vegetarianismo en la India está dictada principalmente por las tradiciones religiosas y de casta. Algunos, como los brahmanes tradicionales bengalíes, comen pescado, pero por lo demás son vegetarianos, mientras que otros, como los jainistas, incluso no tocan las hortalizas que crecen bajo tierra, como las cebollas y las patatas, considerando que tienen capacidad para sentir. Los grandes santos de la India y videntes como Vyasa, Panini, Patanjali y Adi Shankara eran vegetarianos y se pronunciaron en contra del consumo de carne, afirmando que el pensamiento correcto y los logros espirituales no eran posibles con el consumo de carne. Las religiones de la India creen que el consumo de carne y pescado conduce a consecuencias kármicas negativas. Se prescriben deberes religiosos hacia los animales y se cree que si se les hace violencia esto genera karma negativo.

En el hinduismo, el budismo y el jainismo, el respeto a la vida es el principio que todo lo abarca. Es importante destacar que la bondad con los animales y el vegetarianismo son las señas de identidad de un ser humano evolucionado. Así, estos eran los objetivos a los que se aspiraba. Los que mataban animales fueron relegados a la cuarta casta o incluso designados como intocables. El influjo de todas las religiones y cultos indígenas provocaron que la mayoría de los miembros de la primera y tercera castas —brahmanes y vaishyas— renunciaran a la matanza de animales para la alimentación o el deporte. En la religión védica, comer carne no estaba prohibido, aunque sí restringido por normas específicas. Hay muchos ejemplos en los textos clásicos. La *Chandogya Upanishad*, el *Mahabharata* y el *Bhagavata Purana* condenan enérgicamente la masacre de los animales y el consumo de carne. Igual sucede en los *Vedas*.

EL SACRIFICIO DE ANIMALES

El sacrificio de animales era una parte del ritual védico. Los *Brahmanas* están llenos de elaboradas instrucciones para el sacrificio. Los sabios que redactaron las *Upanishads* se rebelaron contra esto, pues el *Rig Veda* condena todas las formas de matar, incluyendo el sacrificio de animales y el consumo de carne. El movimiento para erradicar del hinduismo del sacrificio de animales lo iniciaron los dos grandes reformadores, Gautama Buddha y Mahavira Jina.

Los esfuerzos de los filósofos de las *Upanishads* y de estos dos maestros dieron sus frutos y los brahmanes abandonaron el sacrificio de animales e incluso se convirtieron al vegetarianismo. Sin embargo, como en el hinduismo no ha habido nunca una autoridad central, un creyente puede adoptar cualquier práctica religiosa que le plazca, por lo que no puede haber un edicto que prohíba el sacrificio de animales. Así, éste ha continuado entre las castas y tribus más atrasadas de toda la India. En el este y el noreste de la India, el sacrificio de animales continúa sin control en algunas castas. La ley de la India moderna permite el sacrificio de animales entre los musulmanes (Bakr-Id) e incluso se celebra con un día festivo. La Ley de Prevención de la Crueldad contra los Animales establece que no es delito de matar a cualquier animal si la religión lo requiere. Esto se hizo principalmente para permitir que la comunidad musulmana sacrificara animales. Varios estados de la India tienen leyes que prohíben el sacrificio de animales, al igual que otras leyes de la India, se aplican raramente, especialmente en las áreas rurales remotas.

La Ley del Templo de Bodhgaya, de 1949, resultado de la asociación del Buddha con el estado de Bihar, prohíbe a las personas realizar sacrificios de animales en el recinto del templo. En muchos estados de la India, como Bengala Occidental y Assam, no hay leyes que prohíban estos sacrificios de animales. Pero, cuando el rey Gyanendra de Nepal sacrificó los animales en el famoso templo de Kali de Calcuta, hubo grandes protestas públicas. En algunas comunidades se alega que el sacrificio es una parte esencial de las prácticas religiosas. Tal vez fue en otro momento, como en otras religiones antiguas del mundo. Pero es imperativo que las prácticas religiosas que surgen de las limitaciones de las creencias primitivas evolucionen a un nivel superior que no cause daños en el nombre de Dios o de la religión. Después de todo, el sacrificio humano fue una vez la norma en todo el mundo y se prohibió por ser una práctica cruel y primitiva. El sacrificio de animales no lo es menos.

LOS ANIMALES DE LA INDIA ANTIGUA Y MEDIEVAL

La cultura del valle del Indo se extendía desde el oeste de Pakistán, al este de Uttar Pradesh, en el norte de la India, y hacia el sur hasta Maharashtra, entre el 7000 a.C. y el 1500 a.C. La escritura de los sellos encontrados todavía no se ha descifrado, pero sus dibujos muestran una gran variedad de animales que ahora sabemos que vivían en esa región. El pueblo del valle del Indo domesticó diversas variedades de ganado. Sin embargo, muchos animales del norte y el noroeste de la India (incluyendo el moderno Pakistán moderno) están ahora casi extintos: el tigre, el rinoceronte, el lobo, el cocodrilo y los bisontes aparecen en los sellos, a pesar de que ya no se encuentran en la región.

Hasta el siglo VII d.C., cuando el viajero chino Hiuen Tsang atravesó la India y la describió en un detallado libro, había grandes bosques y fauna que hacían los viajes a la vez peligrosos y difíciles. ¿Cuándo cambió esta situación? Los reyes indios antiguos eran cazadores ocasionales. Los gobernantes musulmanes de la India medieval cambiaron las reglas: la caza se convirtió en asesinato en masa y el método de matar *halal* para la carne (por el cual el animal se desangra hasta morir lenta y dolorosamente), reemplazó al sistema indio de matanza *jhatka* (de un solo golpe).

Los invasores musulmanes eran nómadas a caballo, en busca de pastos frescos para sus cabras y ovejas, que les proporcionaron corderos, la base de su alimentación. Los valores indios de bondad con los animales les dejaban indiferentes, con excepción del emperador Akbar, que prohibió matar a las vacas. Babar, fundador del Imperio mogol en la India, describió la existencia de gran número de rinocerontes en las orillas del río Indo, confirmando así las imágenes de rinocerontes que se encuentran en los sellos del Valle del Indo de 4.500 años antes. El emperador mogol Jahangir mató a 17.000 animales durante su vida, incluyendo 889 antílopes, 86 tigres, leones y 1.670 gacelas, además de muchos otros de menor tamaño. En 1634, el hijo de Jahangir, Shah Jahan, mató 40 antílopes en cuatro días en Palam, cerca de Delhi. Los reyes mogoles acabaron con los rinocerontes y los tigres que antes se encontraban a orillas del Yamuna, cerca de las ciudades de Delhi y Agra. Aparte de los animales de caza, tenían grandes parques zoológicos: Akbar mantuvo a de 1.000 guepardos a la vez, mientras que Jahangir poseía más de 12.000 elefantes.

Los mogoles, sin embargo, también se dedicaron al estudio de los animales. Babar registró las aves y los animales que encontró en la región del Hind. Jahangir fue un naturalista entusiasta que mandó reproducir fielmente la vida salvaje de su reino en pinturas en miniatura. Los invasores introdujeron en la India una modalidad de caza persa, considerada como un magnífico entretenimiento. Se llevaban guepardos encapuchado, con los ojos vendados y con correas, a las zonas boscosas en carros de bueyes o a caballo. Se enviaban perros entrenados para ahuyentar a las presas. Cuando el antílope negro o el ciervo estaban cerca, se soltaba a los guepardos, dejándoles en libertad para que atacaran a sus cansadas víctimas.

Historia colonial de la vida salvaje

En el siglo XVIII, los británicos ofrecieron recompensas especiales por cada tigre muerto, de manera que los bosques pudieran talarse y convertirse en tierras agrícolas que aumentaran los ingresos fiscales. Se creó una nueva imagen del tigre: su timidez natural se interpretó como un carácter astuto y salvaje. Se contó que tenía predilección por la carne humana, por lo que era un devorador de hombres y un enemigo salvaje al que se debería exterminar. A los bisontes y guepardos se les consideraba alimañas. El gusto británico por la caza aumentó con la creación de salas de trofeos en los clubes y en las instalaciones del ejército. La masacre a gran escala de ciervos y búfalos redujo las fuentes de alimento para los carnívoros.

En la década de 1870, los británicos mataban 20.000 animales al año. Se atacó deliberadamente al guepardo con la intención de exterminarlo y los recaudadores de los distritos pagaban una recompensa de veinticinco rupias por cada animal muerto. También se alentó a los maharajás a que ofrecieran recompensas y algunos, como el maharajá de Kota en Rajasthan, también ofreció veinticinco rupias por la cabeza de cada guepardo, más del doble de la cantidad dada por un tigre. Del mismo modo, en las provincias de la Frontera Noroeste (ahora en Pakistán), un lobo valía más que una pantera. Se sacrificaron entre más de 80.000 tigres, 150.000 guepardos y 200.000 lobos entre 1875 y 1925. El último tigre murió en Bombay en 1929.

Los colonialistas querían aumentar las tierras de cultivo de amapola en el norte de la India, de grano en el centro y sur de la India y de té en las colinas, lo que les produjo grandes beneficios. Mientras que la matanza de animales patrocinada por el Estado tenía en Europa siglos de experiencia, era una experiencia nueva en la India. En muchas áreas donde el enfrentamiento entre las personas y los depredadores no era tan intenso, el intento de exterminio no funcionaba, debido a factores religiosos y culturales engranados con el interés propio. Pero en otros lugares sí lo hizo y las carreras del guepardo y el rugido del león se convirtieron en una rareza. Si los tigres lograron sobrevivir fue porque gran parte de ellos vivían en los bosques de colinas.

El Raj (el dominio británico) dejó su huella en el mundo natural. Se dispusieron cacerías especiales para gobernadores e invitados. Los maharajás que deseaban complacer a los ingleses competían entre sí para ofrecer las mejores instalaciones de caza al hombre blanco y, con ello, aumentar su prestigio. Los gobernantes de Bikaner mataron cerca de 50.000 animales y más de 46.000 aves de caza, incluyendo treinta y tres tigres y treinta avutardas indias. Como recompensa a la organización de estas partidas de caza, a los maharajás se les trataba como «blancos honorarios». Sus métodos eran extremadamente cobardes: ataban cabritos y perros a un árbol para atraer a los carnívoros confiados hacia una presa fácil, se escondían en un refugio en un árbol y disparaban desde allí.

En los años 1930 y 1940, sin embargo, algunos gobernantes hicieron algunos cambios. El maharajá de Morvi protegió a los animales salvajes, mientras que el Nabab de Junagarh dio protección al león asiático. Sólo se cazó a aquellos que amenazaban las vidas humanas y se dieron compensaciones en efectivo a los agricultores cuyos animales habían sido asesinados por leones.

En la década de 1940, la caza se prohibió por primera vez en la India, en el estado de Travancore. La conversión de los bosques en plantaciones de té en Assam y la tala de madera para la expansión de los ferrocarriles y la plantación de especies comerciales como el pino y el zarzo para alimentar las industrias destruyeron el hábitat natural y muchos animales carnívoros murieron cuando se hicieron desaparecer los bosques. Sin embargo, a pesar de la reducción de los hábitats, la caza a gran escala por parte los maharajas y los gobernantes británicos y la caza furtiva moderna, varias especies consiguieron sobrevivir, debido, sin duda, a las ideas religiosas. Las gentes respetaban —y, por lo tanto, conservaron— varias especies animales, como el elefante, el antílope negro y el mono. El papel ecológico de algunas especies como el murciélago de la fruta y de las aves de presa se sacralizó, asegurándose así su supervivencia. Como el tigre era reverenciado, sobrevivió. El guepardo no se consideraba sagrado y pereció.

Ley de Prevención de la Crueldad Animal de 1960

En 1960, la activista en pro de los derechos de los animales, Rukmini Devi Arundale, presentó un proyecto de ley al Parlamento para evitar la imposición de dolor o sufrimiento a los animales y modificar la legislación relativa a la prevención de la crueldad con los animales. Se creó una Junta de Bienestar Animal de la India, con Rukmini Devi como su primera presidenta. Se les dio poder a las sociedades para la prevención de la crueldad contra los animales (SPCA) para que detuvieran a las personas implicadas en casos de crueldad con los animales, aunque las sanciones por ello seguían siendo muy reducidas.

LEY DE PROTECCIÓN DE LA NATURALEZA DE 1972

En 1972, un censo de tigres mostró una impactante cifra de tan sólo 1.800 tigres en estado salvaje. La Primer Ministro Indira Gandhi, la gobernante más comprometida con el medio ambiente de la India, promulgó entonces la Ley de Protección de la Naturaleza. En abril de 1973, se puso en marcha el Proyecto Tigre y se establecieron nueve parques nacionales (que ya son veintinueve) para proteger a esta especie. En 1992 se estableció en Santuario de Leones de Gir, seguido por el Proyecto Elefante en 1992, con veinticinco reservas en la actualidad. Durante las primeras tres décadas después de la independencia se exportaron dos millones de monos *rhesus*. El primer ministro Morarji Desai prohibió esta práctica en 1977. La exportación de ancas de rana también se prohibió.

Se han establecido muchos más santuarios y parques nacionales para la protección de la vida silvestre de la India, pero con poco éxito. Hoy en día, el comercio internacional de vida silvestre prospera y amenaza la supervivencia de la vida silvestre en la India. En 2005 se descubrió que en la reserva de tigres de Sariska, en Rajasthan, muchos de ellos habían sido asesinados por cazadores furtivos. En la actualidad hay unos 1.400 tigres en estado salvaje. Quedan pocos elefantes machos, a los que se persigue por sus colmillos, como el rinoceronte es perseguido por su cuerno. La destrucción del hábitat, el desarrollo sin control, la corrupción y la apatía burocrática están poniendo en grave peligro a la fauna de la India. La adopción de sofisticadas tecnologías por parte de los cazadores ha aumentado la tasa de muerte animal, a pesar de las muchas legislaciones disuasorias. China, Asia oriental y los países árabes de Oriente Medio en la actualidad son los mayores mercados para el comercio de vida silvestre. Esta lamentable situación actual da más importancia y valor a la actitud pro-ecológica de la India antigua.

CAPÍTULO III

ANIMALES SAGRADOS

La vaca

Go, sáns. «res».

Se la representa siempre de color blanco. En su cuerpo suelen dibujarse imágenes de los dioses, como integrados en el cuerpo de la Naturaleza, pues se cree que en cada uno de sus miembros reside una deidad específica. En ocasiones aparece alada y con tres rabos.

Simboliza la Madre Tierra, la Naturaleza y, por extensión, la fertilidad y la abundancia, como un aspecto benigno de la Gran Diosa. Como proveedora de leche se la considera como una madre.

Recibe varios nombres, según sus conexiones con distintas deidades. El más importante es Kamadhenu («otorgadora de deseos»), la vaca de la abundancia, tomada como representación de Lakshmi, diosa de la prosperidad. Este animal tenía el poder de conceder todos los deseos. Es, pues, sagrada por su generosidad hacia los humanos, como proveedora incansable, pues puede producir cantidades infinitas de leche y es la nodriza de todos los seres vivientes. Kamadhenu surgió del batimiento del océano primigenio. Además, representa en sí a todas las especies animales.

Según la leyenda, tras el surgimiento del hombre, sus tejidos corporales comenzaron a desgastarse. Entonces el dios Brahma, para beneficio de la humanidad, se transformó en una vaca y dio a los hombres el néctar en forma de leche. Por ello se considera a la vaca como padre y madre, el ganado vacuno en general es respetado en la India y el asesinato de una vaca se considera un gravísimo pecado. Consecuentemente, el proteger a las vacas tiene implícito gran mérito religioso y social.

Otro aspecto de la vaca sagrada es el de Prishni («nube de lluvia»), epíteto de la diosa Rudrani, consorte de Rudra (la forma primitiva de Shiva). Se la considera la diosa de la lluvia, en su aspecto benéfico. Es la madre de los *rudra* o formas del dios Shiva que representan los principios de la naturaleza. Se la representa como una vaca lechera que nutre al mundo.

La divinidad de las vacas es Rohini, una diosa que, según la tradición, aleja la ictericia y la transfiere al color amarillo. Es nieta del dios Brahma y esposa predilecta de Chandra, dios de la luna. Se la conoce como «la roja» y se la identifica con la constelación de Tauro, cuya estrella principal es roja.

Las vacas están también relacionadas con otros dioses, como Krishna, encarnación del dios Vishnu, que es un vaquero y aparece siempre rodeado de estos animales. Uno de los paraísos del hinduismo es el Goloka, voz sánscrita que significa «el mundo de las vacas». Es una adición moderna a los catorce mundos originales.

Este animal fue esencial para todos los pueblos de origen ario, ganaderos antes que agricultores. Desde principios de la era cristiana en la India predominaba la dieta vegetariana para los hindúes que se basaba principalmente en productos lácteos: leche, queso, yogur y mantequilla. Hay que recordar que en la India la leche se considera el alimento más puro y mejor por excelencia. Incluso existen ceremonias de bañar en leche a una deidad como la forma suprema de adoración. Además, las vacas eran las compañeras de trabajo, que ayudaban a los campesinos a roturar la tierra. Al morir, su piel servía para hacer tiendas y ropajes.

La adoración ritual de la vaca se lleva a cabo mediante la ingesta simbólica de los cinco productos que nos ofrece: leche, mantequilla, yogur, orina y estiércol, en los que se basaba la economía india antigua, ya que los tres primeros eran esenciales en la alimentación, la orina se empleaba como desinfectante y el estiércol como combustible.

A estas bestias se las deja en libertad, para que paseen a su gusto, tanto en los pueblos como en las ciudades. Se las suele cuidar con mucho cariño y es frecuente decorarlas y adornarlas. En diversas regiones es costumbre pintar sus cuernos de colores para embellecerlas y distinguirlas. Se considera una acción meritoria alimentar a las vacas, sean propias o ajenas, y es un acto que se suele llevar a cabo con una actitud de reverencia.

En la actualidad, la vaca es el símbolo político de la «Madre India», empleado por diversos partidos.

En cuanto al toro, goza del mismo respeto, aunque su significado es, obviamente, diferente.

Es representación de la fuerza agresiva y sexual. Es el dador de vida por excelencia y al considerarse a un dios como poderoso era lógico asociarle a este animal. Este simbolismo procede del antepasado el toro, el auroch (*bos primigenius*), que era todavía más fuerte y poderoso.

El toro queda representado mitológicamente en la figura de Nandi («el feliz»), la cabalgadura del dios Shiva. Se le considera hijo del sabio védico Kashyapa y de Kamadhenu, la sagrada vaca de la abundancia. Simboliza el ascetismo y la rigidez religiosa, así como el concepto de *satsanga* («verdadera compañía») o asociación con seres espiritualmente elevados y que ayudan al progreso del alma. Su imagen, de un blanco lechoso, se encuentra siempre en la parte exterior de los templos shivaítas, como deidad protectora, y los fieles tocan sus testículos para obtener la fuerza viril y la protección divina. Comparte con el dios muchas características, como la fuerza, la ferocidad y la potencia sexual y es el jefe de los guardias personales del dios, así como de todos los cuadrúpedos.

Se le tiene por el mejor de la multitud de los devotos del dios, el alma del hombre que se postra ante

Shiva y siempre está concentrada en él, por lo que su efigie se encuentra en la parte exterior de todos los templos shivaítas. Es la más leal de las deidades protectoras. Como vehículo del dios es una manifestación zoomórfica del mismo.

A Nandi se le considera una personificación del poder que se puede conseguir dominando la fuerza bruta y controlando la pasión. Es, además, el padre de la abundancia, el generador que fertiliza a la naturaleza y produce la prosperidad en los mundos. Sus cuatro patas simbolizan los principios de *satya* («verdad»), *dharma* («rectitud»), *shanti* («paz») y *prema* («amor»). Sus dos cuernos representan a *bhakti* («devoción) y a *shraddha* («fe»).

Pero esta forma de trato no la iniciaron los arios. Los pueblos aborígenes de la India ya veneraban al toro desde antiguo, asociándolo al dios Shiva. Su imagen representa las culturas anteriores a los arios, por los que se han encontrado en las excavaciones de Mohenjo Daro y Harappa, en la civilización del Valle del Indo.

El caballo

Ashva, sáns., «caballo».

A este animales le suele representar de inmenso tamaño e indefectiblemente de color blanco y con dos grandes alas.

Es un símbolo solar, pues arrastra el carro del sol. En un nivel primario representa al poder. Los caballos tiraban de los carros en los que los arios invadieron la India y éstos fueron los que posibilitaron sus victorias, pues con dos caballos veloces eran un arma invencible. En un plano más sutil el caballo personifica la consciencia en forma de fuerza vital. Es la fuerza nerviosa que es origen de nuestras acciones. Un hombre capaz de dominar a los caballos representa el poder espiritual del individuo cuando logra someter a sus impulsos más primarios.

El caballo se sacralizó cuando el dios Vishnu, en su encarnación como Krishna, tomó la profesión de auriga, en la epopeya del *Mahabharata*. También se halla en relación con otros dioses, como Surya, el dios del sol, que posee a Uchchaihshrava, un caballo blanco que surgió con el batimiento del océano y cuyo único alimento era el *amrita* o ambrosía.

Indra, rey de los dioses, es dueño de un caballo volador, Devashva («el caballo de Dios»), llamado también Meghapushpa («flor de las nubes»). Vayu, dios del viento, tiene a su servicio a los Niyut, un grupo de fogosos corceles que le transportan por los cielos.

Además existe una especie de seres semidivinos, denominados *kinnara*, de gran pureza y santidad, que residen en los montes Himalaya junto con los santos terrenales que han alcanzado la perfección. Se les representa como centauros o con cuerpo de hombre y cabeza de caballo.

Sin embargo, no todas las connotaciones del caballo son positivas. Puede considerársele un mensajero de la muerte. Un caballo monstruoso, Hayagriva, fue quien robó los *Veda* y obligó al dios Vishnu a encarnarse como pez para vencerle. Además, la décima encarnación de Vishnu —todavía por llegar— aparecerá sobre un caballo blanco que pisoteará bajo sus cascos a los pecadores y destruirá al mundo.

El culto al caballo estuvo muy extendido durante el tiempo del esplendor ario y en torno a él tenía lugar una ceremonia curiosa, denominada *ashvamedha* («el sacrificio del caballo»), una de las más importantes y quizá la más elaborada de los tiempos védicos, celebrada por reyes o personalidades muy poderosas y cuyos beneficios eran innumerables. En un principio lo celebraban aquellos que deseaban descendencia. Después pasó a ser una forma de conseguir la supremacía política. Este rito poseía un valor cultural de gran importancia. Se solía hacer en honor de un rey que hubiera demostrado su supremacía militar sobre sus enemigos. Los prolegómenos duraban un año e incluían a miles de sacerdotes. Durante este tiempo tanto el rey que auspiciaba el sacrificio como el semental que se empleaba debían permanecer célibes. Entonces se dejaba en libertad al caballo durante un año, siendo seguido éste por hombres del rey. Cuando el caballo entraba en un reino vecino, el rey debía conquistar este reino en el caso de que el soberano del lugar no se le sometiese de buen grado. Tras el regreso del caballo, se le ofrecía una yegua y cuando el caballo relinchaba de júbilo se le sacrificaba en medio de grandes fiestas. Se suponía que el caballo sacrificado se convertía en corcel celeste y se le identificaba con el Sol a causa de su rapidez. La solemnidad del sacrificio duraba tres días. El primero se pasaba entre rezos y oraciones a las divinidades. El segundo, tras haber sido ungido por las tres esposas principales del rey, el caballo debía ser atado a un poste, junto con otros animales que le acompañarían en su destino, y se le sacrificaba por asfixia, envolviéndole la cabeza en telas. Una vez muerto, la esposa principal se subía sobre él y le despedazaba, ofreciendo los trozos a Prajapati, dios de la creación. El tercer día era dedicado a festejos y celebraciones.

Gaja, sáns., «paquidermo».

Al elefante, salvo excepciones específicas, se le representa de color gris y de gran tamaño. Suele tener tres trompas

Su simbolismo es múltiple. Representa a la nube y, como tal, puede llegar a ser adorado. Es una nube de lluvia que camina por la tierra y con su presencia mágica, llama a las nubes aladas para que se acerquen. Así, por su asociación con la lluvia, la fertilidad de las cosechas, el ganado y, en general, el bienestar del hombre, se le considera un animal benefactor.

También está asociado la pureza, por el hecho de ser vegetariano, pese a su gran tamaño. Además, representa la fuerza y el poder real, debido a su solidez, estabilidad y permanencia. El elefante atraviesa la selva apartando con su trompa los obstáculos del camino, lo que se puede entender en el sentido del sendero espiritual del que hay que apartar todo lo que entorpece el progreso. Así, queda identificado con la sabiduría cercana al hombre, por ser un animal que trabaja junto a él.

Las conexiones mitológicas de este animal son también interesantes. En primer lugar está Gajaindra el elefante blanco de Indra, rey de los dioses. Por ir Indra montado en nubes, se asoció a su cabalgadura con éstas y con el fluido vital del cosmos. A este animal gigantesco se le conoce más como Airavata («surgido del agua») y es el antepasado de todos los elefantes de la tierra. Es la deidad guardiana del Este y defiende ese punto cardinal. Surgió tras el batimiento del océano. Según otra leyenda, cuando nació el ave Garuda, cabalgadura del dios Vishnu, en el instante en que rompió el huevo, el dios Brahma cogió en sus manos las dos mitades de la cáscara y canto sobre ellas siete melodías celestiales. Airavata nació entonces de la cáscara de huevo que Brahma tenía en la mano derecha. Le siguieron siete machos más. De la cáscara de la mano izquierda surgieron ocho hembras y así se formaron los antepasados de todos los elefantes de la tierra. La consorte de Airavata se llama Abhramu (de *mu*, «formar», y *abhra*, «nube»: «la que produce nubes»).

Otra conexión con lo religioso la tenemos en la figura de Ganesha, dios de la inteligencia, a quien se representa con cabeza de elefante y que es quizá la deidad más mayoritariamente querida en la India. Ganesha es hijo del dios Shiva y Parvati, diosa de la energía.

Existe un secta hindú, muy numerosa, de adoradores de Ganesha. Entre ellos no existe la división de casta y se autoriza la promiscuidad así como el consumo de licor. Como distintivo llevan un círculo rojo sobre la frente. Sus seguidores reciben el nombre de *ganapata* y existen seis variantes de la misma, que adoran al dios como única deidad y para los que éste simboliza todo el universo.

El cuarto día lunar del mes de Bhadrapada (del 22

de agosto al 20 de septiembre tiene lugar una festividad en honor de Ganesha, denominada Ganeshachaturthi («cuarto día de Ganesha»). En ella se celebran desfiles por las calles de las ciudades y de los pueblos, que concluyen al arrojar imágenes del dios, hechas con barro o arcilla, a los ríos sagrados o al mar. Esto se hace en medio de cánticos y bailes. Tras la inmersión, una parte del material del que se han hecho las efigies se recupera y con él se marcan simbólicamente los graneros o aquellos lugares en los que se desea prosperidad.

La relación del elefante con la rama vishnuita se encuentra en la figura mitológica de Gajendra, el rey de los elefantes, gran devoto del dios Vishnu, quien le rescató de las garras de un monstruo marino que le había intentado arrastrar a las profundidades de las aguas, cogiéndole por las patas y del que se había intentado liberar durante siglos sin conseguirlo.

Lakshmi, la diosa de la prosperidad, esposa de Vishnu, tiene asimismo su vínculo con los paquidermos, en su aspecto de Gajalakshmi («Lakshmi de los elefantes»). Este aspecto aparece de la siguiente manera: de un jarrón lleno de agua brotan cinco lotos, dos de los cuales sostienen a un par de elefantes blancos a los lados. Estos, con sus trompas, derraman agua sobre la diosa mientras ésta levanta con su mano derecha sus pechos como símbolo de fertilidad. Estos elefantes se llamas Shrigaja («elefante de Shri [Lakshmi]») y simbolizan también al agua, dispensadora de bienes y necesaria para la vida.

Por último, el elefante sirve también para representar a Gautama Buddha, de quien es vehículo. Según el budismo, este animal es símbolo de la inteligencia y quien trae la redención de las ataduras mundanas.

Además de estas conexiones, los elefantes son animales cosmóforos o sostenedores del cosmos. Son las cariátides del universo. Tradicionalmente existen ocho elefantes mitológicos que representan a los ocho puntos cardinales y que sostienen sobre sus lomos la creación. A tales animales se les denomina *hastin* («elefante») o *diggaja* («elefante de los puntos cardinales»). Sus nombres son Airavata, Pundarika, Vamana, Kumuda, Añjana, Pushpadanta, Sarvabhauma y Supratika. Se les suele representar juntos, en sus lugares respectivos de un rectángulo que incluye en su centro cualquier símbolo de la tierra.

Todas estas razones conducen a un culto generalizado. Los elefantes se cuentan entre los animales más queridos de los indios y, por supuesto, también son sagrados. Probablemente, son los animales más reverenciados después de la vaca y se suele emplear en muchas ceremonias religiosas en los templos. Antiguamente eran esenciales para el culto, por lo que cada templo tenía que poseer uno para tareas sacrificiales y procesiones. Se les respetaba tanto que en se empleaban para elegir un sucesor al trono. La superioridad de un rey se medía en el número de elefantes de su ejército. El nacimiento de un elefante se consideraba un signo de futura prosperidad.

En la actualidad los elefantes suelen emplearse principalmente en procesiones religiosas, en las que se les decora y pinta con varios colores, protegiéndoseles la frente con una coraza profusamente adornada. Todos estos ritos suelen celebrarse en festividades especiales y, para ello, los templos cuentan con sus elefantes particulares, ocupados exclusivamente en esta actividad. Por ello, en el sur de la India especialmente, son comunes los santuarios de elefantes, amplios recintos en donde se cría y cuida a los paquidermos y se les adiestra para procesiones. Allí se encuentran en libertad y tienen gran número de cuidadores especializados para atenderles.

EL PAVO REAL

Mayura, sáns., «pavo».

Se representa siempre al pavo real macho, aunque su cola no ha de estar necesariamente extendida.

Su simbolismo es vario. Por una parte representa a la religión en su plenitud y también el control sobre los elementos instintivos.

Tiene el rango de pájaro nacional de la India. Es otro de los animales sagrados, por su relación con diversos dioses, a los que personifica. Se le considera el vehículo del dios Karttikeya, hijo de Shiva. También Sarasvati, la diosa de la sabiduría cabalga en él. Y el dios Vishnu va siempre ataviado con plumas de este bello animal. Según la tradición, Indra, el rey de los dioses —que se sienta en un trono que es un pavo real—, le otorgó varios dones, como los ojos de su plumaje, su capacidad de ser heraldo de las lluvias y su carácter de devorador de las serpientes.

Es un signo solar, debido a su vistosa cola en forma de rueda, que evoca inequívocamente al sol y sus rayos. Su cola extendida representa la bóveda del cielo, siendo sus plumas las estrellas.

Es un animal propicio al que tradicionalmente se le ha asociado con otros sentidos. Puede representar en ocasiones el elemento folklórico y autóctono de la cultura. Puede representar la vanidad y también la riqueza y el esplendor. Sin embargo, su sentido generalizado es el de la supresión del ego y el control sobre la serpiente (la energía), o sea: los elementos instintivos.

Existe la creencia de que, tras la muerte, las almas viajan hacia sus otros cuerpos en forma de pavos reales. Asimismo, esta ave se halla también íntimamente asociada a la literatura, como elemento estético y como personaje, pues en donde en muchas ocasiones sirve de enlace a los enamorados y les lleva sus mensajes de amor.

Vanara, sáns. *vanar*, «del bosque».

El mono que aparece en las representaciones iconográfica indias es un ejemplar pequeño, de cola larga, un macaco de la variedad común de *reshus*.

Simboliza la lealtad, la devoción religiosa y el valor.

En la India se le tiene al mono gran reverencia por la semejanza de sus movimientos con los de los humanos. Los primates abundan mucho en el subcontinente indio y se les permite morar cerca de los templos. Es meritorio el alimentarlos y pecado matarlos. La razón principal para la devoción a estos animales se encuentra en la literatura, en el personaje del dios-mono Hanuman, cuyas aventuras se cuentan en el poema épico titulado *Ramayana* («Las andanzas de Rama»), la segunda de las grandes epopeyas de la India.

Hanumán es hijo de Vayu, dios del viento, y una de las encarnaciones del dios Shiva. Se le tiene como la personificación de la devoción, debido a su lealtad al príncipe Rama —séptima encarnación del dios Vishnu—, de quien era ardiente devoto, y a quien ayudó a recuperar a su esposa Sita, raptada por el demonio Ravana. Este ser, general de un ejército de monos, es el prototipo de la fuerza, el valor, la destreza y sobre todo el amor a su señor. Posee una fuerza física inmensa y la capacidad de adquirir cualquier forma. Se le considera también de gran sabiduría, es el preceptor de los dioses y a él se le atribuye asimismo la invención de un sistema musical.

Además, son innumerables sus proezas físicas. Franqueó de un salto el brazo de mar que separa a la India de la ciudad de Lanka e incluso repitió este alarde llevando en brazos toda una montaña, pues fue enviado a los montes Himalaya por una hierba milagrosa para hacer revivir al hermano de Rama y, por no poder distinguirla, optó por llevar todo el monte. También llegó a la ciudad de Lanka, hundió las puertas de la ciudad, mató a cinco generales y a siete hijos del ministro del rey. Luego incendió la ciudad de Lanka, prendiendo fuego a su cola y saltando de palacio en palacio.

La imagen de este primate antonomásico se venera durante los martes. Sus imágenes, generalmente teñidas de color azafrán, se encuentran, no sólo en los templos, sino también en las plazas de los pueblos, junto a los grandes árboles, en las encrucijadas de los caminos y en los bosques y otros lugares solitarios. Los devotos dejan allí sus ofrendas, consistentes principalmente en frutas, para que los monos se alimenten. Una secta específica hindú del siglo XIV, la creada por Ramananda, le considera el dios supremo.

Al contenido simbólico de Hanuman se ha de unir el de otros monos legendarios que cumplen también una función característica en la cosmogonía hindú. Así, tenemos al mono Nila, que tuvo un puesto de honor como caudillo de las huestes de monos de las que se sirvió el príncipe Rama. Su cometido especial consistía en proveer de centinelas y proteger a su ejército de los ataques improvisados del enemigo. Era hijo de Agni, dios del fuego, quien le concedió el poder de ver claramente en la oscuridad, por lo que ha quedado como símbolo de clarividencia.

Nala es otro mono mitológico que participó en la misma batalla. Era hijo de Vishvakarma, el arquitecto celestial. Fue él quien proyectó el puente que sirvió al ejército de simios para cruzar desde la península india a la isla de Lanka, para efectuar el rescate de la princesa Sita. Desde entonces se reverencia a los monos como constructores.

En la misma epopeya, el mono Sushena, hijo de Varuna, dios de las aguas, y experto en medicina, fue quien sugirió a Hanuman la posibilidad del empleo de una hierba medicinal que se encontraba en los montes Himalaya, para devolver la vida al príncipe Lakshmana, muerto en el combate. Desde entonces se establece un vínculo simbólico entre los monos y el sistema de medicina ayurvédico —el más tradicional y popular en la India—, basado en tratamientos herbarios.

Hamsa, sáns., «ganso».

En su representación iconográfica es siempre de color blanco, aunque no se establece una diferenciación especial entre el cisne propiamente dicho y otras aves semejantes, como el ganso.

Esta ave, de potencialidades creadoras, es símbolo de limpidez espiritual.

Sus vínculos con lo divino son claros. Aparece asociado a Sarasvati, la diosa de la sabiduría, y además, es la forma zoomórfica del dios Brahma, el creador de la trinidad hindú. Es, así, el símbolo de la libertad conseguida merced a una espiritualidad perfecta.

Por extensión con Brahma, se da el título de «cisne» a aquellos que se han liberado del ciclo de reencarnaciones. De los ascetas se dice que han alcanzado el nivel de *paramahamsa* («cisne supremo»).

El cisne silvestre tiene un carácter dual. Nada en el agua pero no está supeditado a ella, sino que puede volar. Es como la esencia divina, que, aunque personificada y alojada en el individuo, permanece enteramente libre y ajena al acontecer de la vida individual. Así, el término sánscrito *hamsagata* («movimiento del cisne») alude a la liberación final del alma.

Empleado de manera metafórica puede significar el sol o el alma de un hombre. La tradición que afirma que el cisne puede separar el agua de la leche, le convierte en el símbolo de la sabia discriminación y de la capacidad de distinguir entre ignorancia y conocimiento.

Naga, sáns., «serpiente».

Para la representación iconográfica de la serpiente en la India siempre suele utilizarse la forma de la cobra real, generalmente con la capucha desplegada y, en ocasiones, con cinco cabezas.

Las serpientes son representación de la sabiduría y personificación del agua que brota de lo profundo de la Madre Tierra. Aunque en ocasiones se hallen asociadas al mundo de los muertos, su connotación no es negativa. Una serpiente que habita una casa puede ser la forma en la que los antepasados bendicen a la familia. También se las asocia con la medicina y con la reencarnación, por la forma en que mudan su piel.

Su importancia religiosa proviene de Shesha o Anantashesha («resto infinito»), la serpiente infinita sobre la que descansa Vishnu. Es la personificación de las aguas cósmicas y fuente de todas las aguas, así como de la Vía Láctea. Es la más buena y noble de las serpientes y se la considera la manifestación animal del dios. Sirve de morada a Vishnu antes de la creación de los mundos. Sus cuatro anillos representan los cuatro los cuatro grandes *yuga* o edades del tiempo cósmico. Sostiene el universo sobre su cabeza y sus bostezos provocan terremotos. Su nombre se debe a que, cuando el universo se disuelve, ella representa lo que queda después de haber sido formadas las aguas cósmicas, la tierra y todos sus seres, los restos de la manifestación divina. Significa el eterno silencio del cosmos antes de la creación y el recogimiento del ser en sí mismo.

Otro ser de importancia mitológica es Vasuki, el rey de las serpientes, que adorna el cuello del dios Shiva. Es la más importante de las serpientes y uno de los sostenedores del universo. Fue la cuerda que arrastró la nave del primer hombre hasta colocarla en un lugar seguro en lo alto del monte Himalaya durante el diluvio.

También ha de considerarse a Manasa, la reina de las serpientes y protectora de los hombres ante los reptiles. Es hermana de Vasuki. Se la representa como una mujer vestida con serpientes, sentada sobre un loto o en pie sobre una serpiente.

Kadru, por su parte, es la madre de las serpientes, esposa del sabio védico Kashyapa. Dio nacimiento a mil serpientes.

La cobra Mukulinta («de ojos cerrados»), que habitaba entre las raíces de un árbol, es también venerada, pues, observando al Buddha, que meditaba a su lado, y viendo que se acercaba una tormenta, se enroscó en su cuerpo y con su capucha le protegió de la lluvia durante siete días.

Pero los seres mitológicos más interesantes son los denominados *naga*, una especie de serpientes semidivinas con una triple personalidad: divina, humana y animal. Pueblan los paraísos subacuáticos y el fondo de los lagos, ríos y mares, en palacios suntuosos. Son los guardianes de la energía que se almacena en las aguas, así como de las riquezas del fondo del mar. Se les considera los *dvarapala* («guardianes de las puertas») por aparecer guardando las entradas de los templos o santuarios. Son hijos del sabio védico Kashyapa y de Kadru. Están gobernados por Vasuki y residen en el Nagaloka («el mundo de las serpientes»).

Los *naga* controlan las lluvias y están en constante lucha con el águila Garuda, cabalgadura del dios Vishnu, que representa al sol; es el equilibrio entre el calor y la lluvia evaporada, ciclo de las aguas. Ambos son necesarios, sin embargo, para el funcionamiento de la tierra.

En el ámbito filosófico, el *yoga* habla de la serpiente Kundalini, la energía cósmica primordial que se halla en cada individuo, representada como una serpiente en la base de la columna y que, eventualmente y mediante la práctica del *yoga*, se puede hacer subir, despertando los *chakras* o centros de energía del cuerpo y las capacidades de éstos.

El culto a las serpientes en la India data de la época prehistórica, como ha demostrado el hallazgo de algunos restos arqueológicos. Al contrario que en el contexto occidental, la serpiente en la India tiene connotaciones positivas, está asociada a los dioses más importantes y simboliza de forma genérica la energía universal. El culto a las serpientes está generalizado, aunque es más habitual en el sur del país. Existe una celebración anual de especial importancia, denominada Nagapañchami («quinto día de las serpientes»), un festival de adoración de áspides, de gran popularidad en la India meridional. Tiene lugar el quinto día de la quincena brillante del mes de Shravana (julio-agosto). En esta fecha se adora a las serpientes, con dulces, flores y lamparillas. Las imágenes de éstas —de oro, plata, piedra o madera— son bañadas en agua y leche. Después se recitan ante ellas cánticos y oraciones específicos de la festividad. En muchos lugares se venera a las serpientes vivas y se les ofrecen cuencos de leche bendecida.

Durante este día está prohibido cultivar o roturar la tierra, así como cavar zanjas o pozos, para respetar a estas criaturas que viven bajo la superficie. Se cree que la observancia de esta fiesta protegerá al devoto de los ataques del animal. De hecho, en los árboles a la salida de los pueblos hay imágenes de serpientes que se supone que conceden su protección a los caminantes.

Por supuesto, está muy mal considerado atacar a estos animales. La práctica común de los indios cuando se encuentran con una de ellas en el camino, consiste en quedarse quietos y dirigirse a ella con el saludo ritual, considerándola un símbolo del dios Shiva y, por ende, auspiciosa.

EL LEÓN

Simha, sáns., «felino».

Se le representa de color dorado y con la melena al viento. En muchas ocasiones aparece con las fauces abiertas.

El león —y similarmente el tigre— es símbolo de protección. Abundan sus imágenes en los exteriores de los templos, para alejar a los enemigos de las deidades tutelares, en una función semejante a la de las gárgolas. Es, asimismo, símbolo arquetípico del sol, señor del día, cuya aparición destruye al señor de la noche. Su melena representa los rayos solares.

Pero su sentido más importante es el de las fuerzas brutas, las pasiones que deben ser dominadas. El hecho de que los dioses lo controlen y cabalguen sobre él indica el dominio de los sentidos y de los instintos animales en el ser humano.

Su relación directa es con Durga, un aspecto de Parvati, diosa de la energía, del que es cabalgadura. También representa al Buddha, al que se define como «el león de los *Sakya* [el nombre de su clan]».

El dios Vishnu también encarnó en esta forma, como Narasimha («hombre-león»), para vencer al demonio Hiranyakashipu, quien había conseguido del dios Brahma la facultad de no poder ser vencido ni por dioses, hombres ni bestias. Vishnu, bajo la forma de un hombre con cabeza de león, aprovechando su carácter mixto, tomó al demonio sobre sus rodillas y le desgarró las entrañas.

Kurma, sáns., «tortuga».

Aparece como un ser de inmensas dimensiones que sustenta al universo, siendo a su vez imagen del mismo, pues su caparazón sería asimismo la bóveda de los cielos.

Por su gran longevidad, la tortuga personifica la inmortalidad. Su capacidad para encogerse bajo la concha sugiere la capacidad de introspección y reflexión sobre el yo interior, así como la de substraerse de las tentaciones del mundo.

Como sustentadora de los mundos recibe los nombres de Kachchapa («con caparazón») y Akupara («sin límite»). Según la leyenda, el ancestro de la humanidad fue un hombre-tortuga, Kashyapa, uno de los siete principales *rishi* o sabios védicos que transmiten las enseñanzas del dios Brahma a los hombres. Kashyapa es el padre de los dioses y personificación del espacio.

Pero el mito más importante asociado a este ser y el de más perduración es el de la segunda encarnación del dios Vishnu, denominada *kurmavatara* («encarnación de la tortuga»). Hubo un tiempo en que los dioses y los demonios quisieron llegar a ser inmortales. Recurrieron al dios Brahma, que les dijo que se inclinasen ante el mejor de los dioses para que éste dijera lo que debían hacer. Los dioses se postraron ante el dios Vishnu, que les recomendó hacer la paz entre ellos y unir sus esfuerzos a fin de obtener el *amrita* o alimento de la inmortalidad, que se había perdido durante un diluvio. Todos entonces se prepararon para batir el océano de leche y así hacer subir a la superficie todo lo que de sólido hubiese en el fondo, entre ello el *amrita* divino. Para este fin utilizaron a una serpiente como cuerda y a un monte como piedra de molino. El dios, en su encarnación como tortuga, sirvió como base de fricción para el batimiento.

Garuda, sáns. *garut*, «alado».

Se le representa como un ave gigantesca, con cabeza, alas, pies y pico de pájaro y cuerpo y miembros de hombre. Su rostro es blanco, sus alas, rojas o marrones y su cuerpo, dorado.

El águila es un símbolo solar y es el ave de la vida. Representa al alma totalmente liberada o que asciende hacia formas superiores.

El origen mitológico de este símbolo es Garuda. Es hijo del sabio védico Kashyapa y de Vinata, y esposo de Shyeni, reina de las aves predadoras, que le hizo padre del gavilán Jatayu, y de Unnati, de la que tuvo un hijo llamado Sampati. Es el rey divino de los pájaros y vehículo del dios Vishnu, a quien transporta sobre los hombros. Como exterminador de serpientes está asociado con un poder místico contra el veneno y representa la destrucción del mal.

La rata

Mushika, sáns. *musha*, «ratón».

Aparece como un animal de pequeño tamaño, que sostiene un pequeño trozo de comida entre sus patas delanteras.

Simboliza la lógica, que es la que conduce al intelecto. También representa la abundancia en la vida familiar, pues los ratones sólo se instalan donde tienen algo que comer.

Es el vehículo de Ganesha, dios de la inteligencia.

Siendo el elefante una deidad animal de los pueblos primitivos, su asociación con el ratón denotaba que se estaba adorando no únicamente a una especie, sino a la totalidad del reino animal, desde el mamífero más grande hasta el más pequeño.

Varaha, sáns., «jabalí».

Se representa como un animal gigantesco, de color oscuro y enormes colmillos.

Es símbolo de la potencia dirigida hacia un propósito definido y, en definitiva, del poder de la concentración.

Se encuentra asociado al dios Vishnu, que encarnó como jabalí para vencer a un demonio.

La misión de este animal fue combatir al *rakshasa* o demonio Hiranyaksha quien, en una encarnación anterior, había sido guardián de la puerta del palacio del dios Vishnu. Allí había impedido el paso el paso a unos ascetas, cosa que les causó tal cólera que le maldijeron, haciéndole renacer como demonio. Bajo este aspecto maléfico se había apoderado de la tierra, arrancándola del mar cósmico, y la había arrojado a las profundidades de los mundos subterráneos. Los dioses se dirigieron al dios Vishnu y le pidieron que defendiera al mundo. Vishnu tomó la forma de un jabalí gigantesco y, tras matar a Hiranyaksha, se sumergió en el mar y arrancó con sus colmillos a la tierra de los mundos subterráneos y la devolvió a su lugar.

El cocodrilo

Makara, sáns., «animal acuático».

Realmente se trata de un monstruo marino, mitad cocodrilo y mitad pez. Se le describe en ocasiones con cabeza de ciervo, piernas de antílope y cola de pescado.

Simboliza el agua de la creación y está asociado a funciones demiúrgicas. Representa la evolución de las especies y la dualidad entre el bien y el mal.

Mitológicamente es la cabalgadura de Varuna, dios de las aguas. Aparece también como representación de Kamadeva, dios del amor, al que se conoce como Makaradhvaja («el que tiene un cocodrilo como emblema»). Astrológicamente es Rahu, el nodo ascendente de la luna al que se representa como un cocodrilo de hierro, de efectos maléficos.

Kaka, sáns., «cuervo».

Se le representa de pequeño tamaño y color intensamente negro.

Significa la total renuncia a las cosas mundanas, a las posesiones y a los deseos.

La figura mitológica recibe el nombre de Kakabhushundi («cuervo montañés»). Vive en el árbol Chuta, en el divino monte Meru, que es el centro del universo. Se halla liberado de la atracción por las cosas y vive en la paz perfecta. Según la leyenda era un brahmán, devoto de Vishnu, que fue convertido en cuervo por una maldición.

Se relaciona con al dios Brahma, del que le considera una reencarnación.

EL CIERVO

Mriga, sáns., «antílope».

Se le suele representar de color dorado y, generalmente, sin cornamenta.

En Oriente, a diferencia de Occidente, personifica la penetración de las enseñanza. Es una animal solar y anunciador de luz. También representa la convivencia con el hombre, la paz y armonía originales.

Aparece en la mano de Shiva y simboliza todas las criaturas bajo su protección.

La persecución del ciervo para cazarlo puede tomarse en el sentido de búsqueda espiritual. Sin embargo, gran cantidad de leyendas previenen contra los peligros de tales búsquedas, que pueden conducir a estados no deseados. Tanto en la epopeya del *Ramayana* como en la del *Mahabharata* se nos habla de cazadores que, persiguiendo a un ciervo, matan con sus flechas a hombres y pagan por su pecado. También el ciervo puede adoptar una apariencia engañosa y alejar al hombre de la realidad.

Matsya, sáns. *matsah*, «pez».

Se le representa de color dorado, con un cuerno y un tamaño gigantesco.

Simboliza las aguas primordiales, fuente de toda vida.

Está íntimamente asociado al dios Vishnu, quien encarnó como pez para salvar al mundo de las aguas. Anunció al el virtuoso rey Satyavrata la inminencia del diluvio y le mostró cómo construir un barco, con lo que determinó la liberación del género humano. El rey, una mañana, en la palangana que le presentaron para lavarse, encontró un pez que no era sino una encarnación del dios. Este le dijo que le conservase la vida y él le salvaría a su vez del diluvio venidero. Satyavrata obedeció y el pez le anunció que comenzaría un diluvio como jamás se había visto. Le dijo que hiciera una nave y se metiera en ella. Al empezar las aguas a crecer ató su nave a la cola del pez por medio de la serpiente divina Vasuki y se dejó arrastrar hasta los montes septentrionales. Allí el pez le habló de nuevo diciéndole que atase su nave al tronco de un árbol de modo que la corriente no la arrastrase. Luego, cuando descendieran las aguas, él bajaría con ellas. Ocurrió tal como estaba anunciado y al cabo de algún tiempo el rey pudo pisar tierra firme.

El gallo

Kukkuta, sáns., «gallo».

Su representación iconográfica se caracteriza por un intenso color rojo.

Personifica la inminencia del despertar espiritual, que anuncia con su canto.

Su origen religioso se debe a Karttikeya, el dios de la guerra, hijo de Shiva, con quien suele estar asociado. De hecho, un gallo es lo que aparece en su bandera de guerra, indicando que se van a combatir las tinieblas de la ignorancia.

www.ingramcontent.com/pod-product-compliance
Lightning Source LLC
Chambersburg PA
CBHW031129250726

48655CB00002B/591